いじめからあなたの笑顔を取り戻したい

世代別事例を通して

はじめに

　ここに収めた事例は、今は卒業生であり、当時は在校生であった女子大生の筆によるものです。フェミニズム文化論という講座が我が大学にあって、その講座では、男女雇用機会均等法などで、男女の差別化が以前ほどではなくなったものの、まだまだ男性と比べると弱い立場である女性が、どのように社会に処していくべきかをはじめとして、女性の社会での処し方、生き方等を論議しています。そのなかで「いじめ」に焦点を当て、女性として、人としてどうあるべきかを考えようと、受講学生に書いてもらったものです。

　用紙は無記名で、いじめた事やいじめられた事、或いはいじめに関して見聞きした事を書いて無記名の封筒に入れて封印し、次にそれより少し大きな封筒にそれを入れて学生番号や名前を書いて提出してもらいました。

その後、提出したか否かをチェックしてから、無記名の封筒から無作為に用紙を取り出し、その後は機械的に用紙を整理し、読み始めました。その為に、気がかりな内容があっても誰と特定できず心残りな事例もありましたが、仕方ありませんでした。

本来なら、皆が書いてくれたいじめの事例を基に討論すべきだったのですが、あまりにも生々しく深刻過ぎて、愕然としてしまいました。このようにひどいのはこの年だけかもしれないと思いましたが、翌年もその翌年も同じでした。読んでいても辛い思いをするのだから、経験した学生はもっと辛いだろうと思うと、授業の時にそれを読んで、皆で考えようなどとは、とても私には言えませんでした。

事例の中で彼女達は、その辛い経験をしたから今の自分があるのだと、異口同音に書いています。思い出したくない出来事だったけれど、自分を顧みる意味で書いてくれた貴重な経験。それをそのまま眠らせて反故にするよりも、今いじめで悩んだり、考えたりしている方々に対して、何らかの力添えになれれば、そしてまた、人としてどうあるべきかを考える指針になれば、辛い経験を敢えて書いてくれた彼女達も喜んでくれるのではないかと思い、活字にする事を決めました。

また、卒業生からは色んな悩みを直接聞いたり、手紙で相談を受けることもあります。社会ではさらにドロドロした出来事が多々あって、彼女達は日夜悩み苦しんでおります。その一端を、彼女達の了解を得て社会人の部として少しではありますが、加えました。

これらを通して、女性として、人としてどうあるべきか、人生を歩む上で大切なことは何なのか、その手がかりの一助になればと思っております。

平成23年8月

吉野啓子

目次

保育園、幼稚園、小学校時代

いじめられたこと

体形や体質に関して

小学校の時に、私の体の不具を先生が教壇でクラス全体に言ってからは、地獄でした。

それからは上級生や下級生にも知れ渡り、大人しく行動せざるを得ず、同級生からのいじめは一層ひどくなりました。迷惑を掛けてもいないのに邪魔者扱いされたり、嫌がられたり、蹴られる、殴られる、理由もないのにクスクス笑われる。また何もしていないのに不審に思われたり、持ち物や自分の机に落書きされて、「死ね」や「帰れ」などと頻繁に書かれました。

また「お前は、これから先、就職も出来ない」とか、「将来の夢なんて持てない」など言われ続けました。また私は何事に対しても一生懸命取り組んでいるのに、「養護学校へ行けや。」と言われたことは、今でも忘れません。

私は小学校の六年間、ほとんどいじめに会っていました。男の子からは「デブ」、「ブタ」とからかわれ、女の子からは「可愛くない子とは友達になりたくない」と言われたり、「あんた、いつも同じ服着てるよね。ちゃんと洗濯してるの?」と言われたりしました。

私の家は私が小さい頃から貧しくて、母は汗水流して働いて稼いだお金で、私に靴を買ってくれた事がありました。そしてその靴を学校へ履いて行った日の帰り、下駄箱に入っていた新品の靴の中に砂や小石などが入れられていて、新品の靴には見えないような状態になっていました。それまではいじめられていることに慣れていたので、何とも思いませんでしたが、この靴を母がないお金からどんな気持ちで買ってくれたかと思うと、母に対して申し訳ない気持ちでいっぱいでした。それと同時にお金に対して何の不自由もなく育ってきた彼らに腹がたちました。

私は毎朝学校に着くと、必ずすることがありました。それは、どこかに隠されている自分の上靴を探すことです。下駄箱のてっぺんに置かれているならすぐに見つけられるので良いのですが、時にはトイレにあったり、ごみ箱に捨てられていたりすることもあり、探すのも大変でした。

無視されるなんて日常茶飯事でした。ある時クラスの女の子たちから「遊ぼう」と誘われたので、待ち合わせの場所で待っていました。でもその女の子たちは待っても待っても来ませんでした。すると遠くの方で笑い声がするのでそちらの方を見ると、私を見て本当に来たと言って笑っていました。悔しかったです。

私の小学生の頃の思い出は、毎日いじめられていた記憶しかありません。だから私は、学校から家に帰り、母が仕事から帰って来るまでの一人の時間と、夜、布団の中でいつも泣いていました。けれどもどんなに辛くて悲しくても母に助けを求めようとは思いませんでした。なぜなら私や兄を一人前にしようと一生懸命身を粉にして働いてくれている母に、負担を掛けたくなかったからです。だからせめて勉強だけは、いじめっ子よりも上でいたいと思い、たくさんの本を読んだり、勉強をしました。

小学校のころ、ことばに訛りがあるとからかわれ、また女にしてはデカすぎるという理由で、しょっちゅう頭を叩かれていた。悔しくて仕方がなかったので、父から勉強を教わり、毎週近くの公園で父とキャッチボールをしたり、スイミングスクールに通ったりなど、あらゆる習い事をした。

そうすると周りの子よりは勉強が出来るようになり、知能指数とやらいうものも前よりも高くなった。そうなると次は、女の子たちが、勉強が出来てその上、たまたま痩せていてスタイルも見劣りする方ではなかったので、「がり勉のガリ子、ガリガリのガリ子、ガイコツ、足細すぎて気持ち悪い。体中バイ菌だらけで細いんじゃない?」と攻撃してきた。一緒に並んで歩くと菌が移るからと避けられて、いつも独りぽっち。トイレに入っていると、上から水をたっぷり含んだスポンジを投げられてびしょ濡れになったりした。

昼休みはいつも図書館にいた。私は耐え、時には反発もした。けれども自分を変えることはしなかった。最後の方は、もう独りでもいいやと思うようになっていた。しかし卒業式の一ヵ月程前に、主犯格の子が突然孤立した。皆、嫌気がさしたみたいだった。その子の周りにいた子は皆、私に話しかけてきた。そのうちにクラスの皆が私に話しかけてきた。卒業式当日は、誰も主犯格の子と写真を撮ろうとはしなかった。

いじめられた時に、そこで自分を見失って相手に屈服すると、そこで負ける。心の狭い人間になってしまう。気に食わない野郎だと目をつけられても、自分を曲げず、断固とした強い自分、意志をしっかり持っていれば、そのいじめの行為は、相手のひとり相撲でしかならないのだ。

いじめを受けたことによって、世の中にはこれからもこんな奴がいるのだからと思って免疫を付け、それと同時に学習をして自分が強くなったと思っている。

小学校五年生の時に、ケンカは弱いくせに口だけは悪く、いつも女の子にあだ名をつける男の子がいた。席替えで隣の席になったが、もともとそのような理由で好まなかったので、話しかけなかった。するといきなり「お前って口でかいな」と言われた。すごく腹が立って、怒り狂いそうだった。

此の頃「となりのトトロ」という映画があって、その子がまた私に向かって「お前って、トトロに似てるな」と笑いながら言ってきた。笑った顔が似ているらしかった。そしてその子が友達に「あいつトトロみたいじゃないか？」と吹き込み、その男の子たちから「トトロ」と呼ばれる羽目になってしまった。私はその日から下を向いて歩くようになり、自分の取り得だった笑顔も作れなくなってしまった。

小学校で終わりと思っていたら、その子と中学校も同じで、他の小学校から来た男の子が些細なことで私をからかったので言い返したら、その子は、私にあだ名をつけた子から「トトロ」という言葉を聞き出し、言ってきた。

その為に男の子と話が出来なくなり、話し掛けられたら赤面してしまう。だから男性と話そうとも思わなくなってしまった。今でも「トトロ」を見たり聞いたりするとその思い出がトラウマになっていると思うし、男性の前で大笑いをしないようにしている。また笑うとしても上品な感じを出すつもりはないが、手で口を覆ってしまう。そんな自分を、無愛想だなと思うし、親にも言われたりしたこともある。


小学校の時、私は「仮面ノリダー」というあだ名をつけられた。なぜなら、わたしの鼻は低くて平らだからである。そのことから私は自分の鼻に対してずっとコンプレックスを持ち続けている。

子供の頃は両親、特に父親を恨んだりした。今でも整形手術が受けられるものなら受けたいと思っているが、当時は心の底から彼らを憎んだ。毎日が辛く、学校へ行きたくないと思う日々であった。誰かに相談したいと思ったが、「仮面ノリダー」という言葉を発するのが恥ずかしかったこともあって、それも出来なかった。そのために男子にからかわれる毎日が続いたので、我慢の限界が来て、担任の先生に話した。

先生は丸一日を使って「あだ名」や「いじめ」の話をして下さったが、私にとってそれは、とても苦痛であった。なぜなら「仮面ノリダー」という言葉が出るたびに教室のあちこちからクスクスという笑い声が飛び交っていたからである。この時から私は、その先生や級友たちを本気で恨むようになり、それ以降、誰かに助けを求めることをやめた。

私は親からの遺伝で、髪が天然パーマです。今はストレートパーマをかけているので誰も気付いていません。それに今ではこのパーマは以前よりすごく安くなりましたが、私が小学校の頃はまだ高かったので、髪をパーマで落ち着かせることは出来ませんでした。

私の髪はものすごく激しい天然パーマで、放っておくと右や左にピョンピョンはねてどうしようもありません。それで「天パ、天パ」とクラスの男の子に言われてすごく嫌な思いをしました。

私は凄く目が悪いので、眼鏡がないと教科書を読むどころか、怖くて道も歩けなかった。そのとても大切な眼鏡を隠されたことがある。隠した子は判っていたが、言えなかった。眼鏡を失くしたことで、勿論親にも叱られた。一週間後、私の眼鏡はとても危険な場所にあったが自力で見つけ出した。

いじめは、言葉や態度で否定されている気がした。

小学校時代のある日、私は女友達とケンカをしました。するとその友達がクラス中の女子に私を無視するように言いました。その後、私は一人ぼっちになりました。その時はとても辛くて、学校に行きたくないと毎日思っていました。

そんな日が一週間ほど続いた時、私はケンカをしていた友達や他のクラスメート数人と、それぞれこっそり仲直りをしました。するとクラスの女子は、自然に私を無視しなくなりました。

私は青色が大好きなので、服も靴も水筒も何もかも青色にそろえていました。けれどもその光景が同級生の男子には変に思えるらしく、「女のお前が青色なんか持つな！」とか「お前は男か！」などと言われました。それが原因で大切にしていたノートを破られたり、服を隠されたこともあり、大変辛い思いをしました。

私の髪は色素が薄く茶色なのですが、「お前、髪の毛染めとるやろ」「先生に言い付けたるからな」と毎日のように言われ、毛筆の授業の時間には、墨で髪の毛の先を塗られたこともあります。

そのことが原因で、週三回通っていたそろばん教室では靴を隠され、何度も電車に乗り遅れて親に叱られました。

学校の帰り道では、同級生の男の子がいきなり後ろからとび蹴りをしてきたために、体中傷だらけになったり、ビービー弾を顔や頭目がけて撃たれたりすることはしょっちゅうでした。帰り道が怖くて、一キロ以上ある道をダッシュして帰っていました。


一時は人間不信になり、学校に行くのを辞めようかと考えたこともありました。でもいじめにも自分にも負けたくなくて、学校は休まずに通いました。この経験は私の心の成長に大きな影響を与えてくれたと思います。

四年生の時、ハーフの男の子がいました。当時男子の中で流行っていた遊びは、先生の回転する椅子を五、六人で囲い、背もたれの正面にいた人が他の子から一発ずつ叩かれるという遊びでした。

それでそのハーフの男の子に当たった時は他の子より強く叩かれたり、他の子より当たりやすくするなどの策略もありました。それだけでなく「ガイジ」とその子は呼ばれていました。

このようなことが続いたのでクラス全体で話し合いが行われました。いじめられた子がまず思ったことを話し、その後にいじめたかなと自分で思った子たちが一人ずつ前に出て、思ったことや、何故したのか等をいって謝っていました。

私はその時に「ガイジ」の意味を知りました。彼らは「外国人」の略でその子を呼んでいたそうですが、その子は「害児」だと思っていたそうです。軽はずみに言葉を使うことで、相手を傷付けることを学びました。

私はアトピーで、いじめられました。アトピーだと皮膚が汚いので、そのことでよくからかわれました。私はそんなに落ち込む方ではないので、そのようなからかいはすぐになくなりましたが、凄く辛い思いをしました。

なりたくてアトピーになったわけではないのに、と何度も思い凄くかなしいでした。言われたからと言って、黙ってやられっ放しは嫌だったのですが、何を言われても明るくしていたので、すぐに収まりました。けれどもこれが続いていたら、どれだけ辛かったかと思います。

一人の女の子がいじめられていた。その女の子は私と同じ組の子で、ひどいアトピーであった。また視力も悪かったので分厚い眼鏡を掛けていたこともあっていじめられていた。

初めは「あの子、ちょっと気持ち悪いね」と女の子がポツポツと言っているだけだったが、最終的に皆がいじめるようになり、私もそのうちの一人だった。その子の手が触れると「○○菌がついた」と言って、その菌を拭き取る仕草をし、他の誰かに付けるという具合であった。その「○○菌」は、実在する悪い菌のように扱われた。席が隣になった男の子は、少しでもその女の子から机を離そうとしていた。

その当時の担任の先生は、一年前に私達の学校に来たばかりの先生で、とても熱心だった。その先生がある日私達に「質問をしたいので、皆机に伏せてください」と言われた。そして「いじめた事のある人は手をあげなさい」と言われた。何人が正直に手を上げたかは判らないが、その質問の後先生は、いじめられていた子を皆の前に立たせた。その女の子は泣きながら「みんな、もういじめないで下さい」と言った。

それからその子は、○○菌と言われることもなくなり、少しずつ皆と打ち解けられるようになったし、皆もその女の子を受け入れるようになった。

私は幼いころからアトピー性皮膚炎で体のあちこちに症状が出ていて、毎日体中に薬を塗っていました。顔面に症状が出た時は顔全体に薬を塗らなければなりませんでした。しかし顔に薬を塗るとテカテカになり、男の子に「なんでそんな塗ってんの？塗りすぎやろー」、「顔あかっ！」等と傷つく言葉を言われました。それで母に内緒で、朝に塗った薬を学校に着くまでにタオルで拭いていました。そんなことをしていたので余計に肌が乾燥して、顔全体がカサカサになり、赤みがひどくなってしまいました。すると「気持ち悪っ！」、「なんか恐竜みたいやな」とまで言われるようになりました。

それに耐えられなくなったので、私は担任の先生に相談しました。しかし先生は「先生がその場にいたわけじゃないし、どうしようもないね。今度見たら注意してあげるから」と冷たく、適当に話を済まされてしまいました。

私は母にいままでのことを全て話しました。すると母は「お母さんが代わってあげたい。ごめんね」と涙を流しながら、私に薬を塗ってくれました。

その後、母が先生に相談するために学校へ行ったのですが、その次の日から、なぜか先生の態度が急変しました。先生は、以前よりも増して、私に冷たく接するようになったのです。

テストを返す時、私以外の子にはあだ名で親しみを込めて名前を呼ぶのに、私だけ「さん」付けで呼んでいました。また体育の時間にドッジボールをしていて、私が付き指をして泣いてしまった時でも「○○さん泣いてるでー、みんな」と心配する様子もなく笑いながら言っていました。クラスでの孤独感や苦痛、寂しさはとてもひどいものでした。

小学校へ入学したての頃は、アトピーの症状がひどく、顔や腕が真っ赤になっていて、とても醜い状態でした。地域別の登下校だったので、最初は上級生が家まで迎えに来てくれていたのですが、「気持ち悪い」とか「可愛くない」という理由で除け者にされていました。それでも登校はしなければならないので、遅刻しないように一人で登校したり、皆と一緒に登校する時は、後ろからついて行ったりしていました。

アレルギーの症状が治まってきたら、今度は体形が激変し（一年生の時は十九キロしかなかった体重が、二年生から増え出して、卒業するころには五十キロを超えていた）、三年生以降は肥満児体形になっていました。仲の良い女の子の友達は、体形が変わっても仲良くしてくれていたのですが、男子や一部の女子は、私の体形をからかってきました。

女子の中には、突然駈け寄って来て、私の体操着のサイズ表のタグを引っ張ってサイズを見、大声で私のサイズを叫んだり、私をパシリに使ったりしていました。男子は単純ではありながら、しつこく体形を馬鹿にしたあだ名で私を呼んだり、暴力をふるってくる者もいました。

からかいや嫌がらせに対して、やり返す時もあれば傷ついて泣く時もあり、母親や先生に頼る時もありましたが、先生はその時だけ注意をするだけだったし、母親に至っては「自分がしっかりしないから、嫌がらせを受けるのだ」と逆に私を叱りました。

そのような親なので、ダイエットに協力してくれる訳でもなく、自分なりに走ったり、食事を減らしたりと努力をしたものの、効果が得られることはなく、体重は増すばかりでした。

しかし今思うことは、体形に関してはどうあがいてもスッキリ痩せはしなかったが、母親の当時の私への接し方は、間違っていなかったと思うのです。もしあの頃、母親が私を甘やかしていたら、少しいじめられただけで学校を休んだり、親同士のイザコザに発展していただろうし、私もこんなに冷静な人間になっていなかっただろうと思うからです。

三年生の時、学級に障害を持つ男の子がいました。その子は耳が聞こえ難い子でした。ある日席替えがあり、その子と私は隣になってしまいました。私はもともとその子のことを特に何とも思っていなかったのですが、いざ隣になってみると、鼻はほじくるし、よだれは垂らすし、すごく汚らしい子で、周囲から嫌がられている理由が分かりました。

一カ月が過ぎた頃、給食を終わらせるのが遅い彼は、いつも掃除の時間になるまでずっと食べていました。食べ終わった彼の机は本当に汚く、運ぶのが嫌だと思うくらいでした。だから私達は、彼の机を運ぶのにじゃんけんをして、負けた人が運ぶようにしていました。

それを見つけた先生がひどく怒り、これはいじめだと言われ、学級会での問題となりました。先生はこれだけではないだろうと追求され、他の男子児童も彼の靴に砂を入れたりしていたことが分かりました。

運動会の練習の時、私はその子と手をつながなければならない時があり、イヤイヤながら手をつなごうとしたら、その子は私のお尻を触ろうとするのです。それは一度だけではありませんでした。それなのに、そのことを先生に言っても「皆よりちょっと理解力がないから、すぐに嫌とか言って怒るのではなくて、『だめだよ』とか言ってちゃんと説明したらいいのよ」などと言われるだけでした。

私は本当に頭にきました。三年生にもなればそういうことにもだんだん敏感になって来る時なのに、それを解ってくれない先生にも呆れました。その頃から私は、その子に対して怒りやイライラ感を覚えたために、皆といじめるようになりました。でも暴力等ではありませんでした。

またそれを知った先生は学級会を開き、私達は注意されました。でもいじめた側だけが悪いのでしょうか？　何の理由もなくいじめるのはいじめた側に責任があるけれど、私達の場合、私達に責任を追及されたとしても、私達だけが悪いのではない！と言いたくなります。勿論反省はしました。親にもひどく叱られました。しかし何故、いじめにつながったその経過を聞かずに、いじめた側だけを責めるのかと思ってしまいます。

同じクラスの女の子の話です。その子はすぐに泣く子で、自分の思い通りにならなかったら泣いていました。また顔にニキビがたくさんあり、そういった事もあって、男の子から気持ち悪いと思われていました。男の子たちは毎日、その子に当たり前のように悪口を言い、机を蹴り倒していました。

ある日その子の親と男の子の親が呼び出されました。理由はその子の水筒に男の子がおしっこを入れたからです。完全ないじめととらえた先生が親を呼び出しました。

おしっこを入れるなんて本当にひどい事です。けれどもそんな大事になるまで気付かない先生にも驚きました。毎日机を蹴とばしていたのですから、その時点で気付き、生徒の事を考えてあげてほしかったと思います。また私達周りの女の子も、ただそれを黙って見ていただけだった事は、よくなかったと思います。けれども、もしその子と男の子たちの事を先生に言ってしまうと、次は自分がその子と同じ事をされると思っていたからです。

新一年生は筆記用具や傘などが貰えました。徒歩通学だった私は、帰る時に傘をさして帰ろうとしたら、私の傘にはコンパスの針のような穴がたくさん開けられていました。その後は傘だけでなく、男子が投げた石が私の眼の近くに当たり、意識を失い、もう少しで失明するところでした。

六年生の時は、同級生の女子が黒板によい子と嫌いな子を書き、私は嫌いな子の方に書かれていました。

部活動ではバレーボール部に所属していました。女子更衣室に戻って着替えをしようとすると、ズボンだけが無くなっていたこともありました。その時は、バスと船の時間まで手分けして探しましたが見つからず、担任の先生は自宅に連絡して下さいました。学校では泣かないように涙を堪えながら下校しましたが、後で涙がボロボロと落ちてきました。

その後、私は親に事情を詳しく話しました。それから教頭先生、主任の先生、担任の先生が自宅に来られました。その時に担任の先生から、私は「肥っていて、ズボンもパンパンで醜い」と言われ、大変ショックでした。

学校ではこのようにいじめを受け、家ではいじめというのか、物を投げられたり、教科書を丸められたり、破られたりしていました。小学校の頃は、親が私に対して、行動、礼儀、電話の受け答え、言葉使いをよく注意されました。ちょっとした事でも叱られ、外出している時でもそうでした。家ではバット、ハンガー、教科書の角など、もっと危ない物もありましたが、手で叩くと痛いという理由から、物で叩かれていました。けれどもこれは躾けなんだと言われていましたが、躾けでこんなひどいやり方があるかと今でも思っています。

転校、編入など

私は父の仕事の都合で小学校三年生の時に転校し、新しい小学校へ行くことになりました。今ではそんなに大したことではないように感じますが、その時は転校して全く知らないクラスに飛び込むことは、私にとって大変辛いことでした。

最初は学校で一言もしゃべりませんでした。少し経ってAちゃんという子が遊びに誘ってくれるようになり、その子と一緒にいるようになりました。

けれども少し経つと、その子の態度が急変し、私が他の子と一言でも口を聞くと、後で二人になった時に頭を叩かれたり、嫌なことを言われるようになりました。それからは私の行動についての全てを命令するようになり、私は毎日泣いていました。

私は結局耐えきれなくなり、別の小学校に又転校しました。

父が転勤族だった為に転校が多く、そこでいわゆる転校生いじめにあいました。平穏なクラスに異質な者が入ることは驚異なのでしょうか？　大阪から横浜に来た私は、そこでは本当に異人のようでした。五回目の転校だったので、私も少しは慣れていたのですが、その時は全く違っていました。

四年生という年齢的にも色んなことに敏感になっている時期だったのかも知れませんが、言葉使いが皆との大きな壁を作ったようでした。班を決める時でも、当時の私は彼らのじゃんけんを知らず、それまでしていたやり方でやったために、周りから冷たい視線で見られました。この子おかしいんじゃないの？・という感じで。それ以降、私と話すとおかしくなるみたいな感じで話し掛けられることが多く、言葉で多く傷付けられたように思います。

幼稚園の頃、父親の仕事で他県に住んでいたので、小学校に入るときは、誰一人仲の良い友達はいませんでした。友達を作る努力はしましたが、初めて見る私に、皆よそよそしい態度で、休み時間も仲間に入れてもらえない事がほとんどでした。もともと一人遊びは好きだったので、困ることはありませんでしたが、遠足でお弁当を食べる時などは、あまり良い気分ではありませんでした。そんな私にもようやく友人ができ、落ち着いた学校生活が始まったと思ったのも束の間、嫌な気分になる出来事が起こりました。受験です。

私は四年生の頃から、中学受験の為に、ある進学塾へ通い始めました。塾とピアノとバレエで一週間のスケジュールが埋まっている私は、同級生たちと話が合うこともないし、遊ぶ時間もありませんでした。私と同級生との溝はだんだんと広がり、最終的にいじめへと発展しました。

最悪だったのは、六年生の時、受験を控えた私はますます同級生の輪に入れなくなり、また当時担任だった新任教師のせいで、さらに孤立していきました。外国人と日本人の差別について、何度も授業する担任が、何故もっと身近にあるいじめに気が付かないのか、当時の私は不思議で仕方がありませんでした。私の唯一の心のキズです。

私は二年生の時に転校しました。その新しい学校で、クラスメイトにいじめられました。例えば、学校から帰る時に、班になって帰るのですが、毎日のように仲間外れにされて、置いてきぼりになっていました。また学校では「おばQ」というあだ名を付けられていました。

その後いじめっ子のボスであった女の子が謝ってきました。口では許したけれど、いまだに心の中では許すことができません。彼女を見るたびに、腹が立ちます。その子が、教師を目指していると最近聞いて、彼女に教えられる生徒がかわいそうだと思いました。

いじめられていた時に、担任に相談すると、「いじめられる方も悪いのよ」と言われました。私をいじめていた子が教師になったら、きっとこういう教師になるだろうと思います。

私は父の転勤のたびに転校していたので、あまり親しい友達もできず、ずっと一人でした。

まず最初に転校した小学校では、担任の先生にいじめられました。クラスの中で何か問題が起きれば、いつも私のせいにされて、親が学校に呼び出されるといった繰り返しでした。引っ越しが決まってからは「どうせ引っ越すんだし、いいでしょ」と一層ひどくなりました。

次に転校した学校では大阪の訛りがあることから、たちまちクラスの笑い者にされ、仲間外れや無視の連続でした。教室では消しゴムを取られたり、朝、学校に行けば、私の机に「きしょい」「死ね」「大阪にかえれ！」と書かれた紙が貼られていました。でも親にはいじめられている事を知られたくなかったので、ずっと何事もないかのように学校に通っていました。

この時のいじめがきっかけで、私は「皆と違う」ことが嫌で、何でも皆のマネをし、同じになるように必死になりました。だから大阪弁が嫌なので、一生懸命標準語を練習し、「~じゃん」「~だよね~」などと話すように心掛けたり、持っている物なども親に無理を言って買ってもらっていました。このクセは今でも変わりません。何をするにも誰かと一緒がよくて、自分の意見は言わずに友達に同調する日々が続いています。

小学校の頃に転校してきた子がいて、その子が男の子にいじめられていました。その子はいつも給食のパンを残し、教室の後ろのロッカーに入れたままにして置くのでパンにカビが生え、それを見た男の子たちはいつも「や~い、や~い、○○がまたパンを残してやがる~!」と言っていました。

彼女は何故食べ残したパンを、家に持って帰らなかったのか解りません。持ち帰ると叱られるからなのかもしれませんが。理由を知らない男子は「カビカビルンルン、カビルンルン」と、給食の時に歌っていました。

私は彼女と家が近かったので、先生から彼女と仲良くしてあげてねと、転校してきた当初に言われたこともあって、一緒に帰ったこともありました。お母さんが厳格な人のようで、その上貧しいようでした。だからよけいに残したパンを持ち帰れば良いのにとも思いましたが、理由は聞けませんでした。

男の子たちは給食の時間にあからさまに彼女にひどい事を言っているのに、先生は見て見ぬふりをしていました。私も見て見ぬふりをしていたけれど、先生はそうであってはいけなかったのではと、今でも思っています。

私は小学校へ二年生から途中編入したこともあり、なかなか周囲に打ち解けることができず、悲しい思いをしました。しかし女の子たちは私に親切にしてくれて、学校が楽しくなりました。

三年生になった時、ある男子が私に話しかけ「バイ菌が移る」と言ったのをきっかけに、私が喋ったり、横を通っただけで「バイ菌」とか「移るやろ！」とか「きしょい」等と言われました。私は何でそんなことをいわれるのかわからなかったのですが、或る時、一人の男の子が「爪噛み！」と言ったのです。

その当時、私は小さい頃から爪を噛む癖があり、爪がガタガタだったのです。それで私は自分がバイ菌といわれているのかと分かったので、爪を噛む癖を直す努力をしました。しかし、私の爪がきれいに生え揃ってもいじめは治まらず、さらにエスカレートしていきました。足や太ももを蹴られたり、腕にパンチをされるようになり、青あざが耐えませんでした。

もう我慢が出来ず、学校を辞めたいと考えるようになりましたが、親にはどうしても知られたくなかったので、毎日いやいや学校へ行っていました。きっとお母さんは私がいじめに遭っている事を知ったら悲しむに違いないと思ったし、知られるくらいなら我慢した方がましだと思っていました。

五年生の春、新しい学年ということもあって、お母さんが私に桜模様のお弁当箱を買ってくれました。しかし、それを持って登校した日の帰り道で、いつも私を蹴って来るH君が私のお弁当箱の入った補助かばんを奪って、まるでサッカーボールのように蹴りながら走って行ったのです。案の定、新しいお弁当箱は壊れていました。私はせっかくお母さんが選んで買ってきてくれたお弁当箱なのに、壊れてしまったことが悲しくて悲しくて泣きました。「バイ菌」と言われたり蹴られたりすることよりも辛いでした。

親の職業

私の父はパチンコ業をしていたので、小学校の頃は「やくざの娘」とよく言われました。最初はその意味もわからないので「なによ～」と怒ったふりをして笑っていましたが、家に帰って姉からその意味を聞いて知り、翌日、それを言った男子に怒りました。彼はその時に謝ってくれたので良かったと思っていたら、次の日に隣のクラスの男の子たちが、友達と話している私を見に来ていました。何だろうと思っていたら、彼らは、前日私が怒った男子から「やくざの娘」がいると聞いて、からかいに来たのでした。

私はその事を友人から聞いたので、その男の子を、今度は皆の前で責めました。すると他の男の子まで「やくざの娘は学校へくるな」「やくざの娘なんやから、しょうがなかろう」といわれました。その時は平然としていましたが、家に帰って泣きました。母に言おうかと思っても言えなくて、ひとりで一日中泣きました。

ある日、いつも仲の良い女の子たちがヒソヒソ話し、何のことかと聞いてみると、リーダー格の子が「あなたがやくざの娘ということを母に話したら、もうその子とは仲良くしちゃだめといわれた」と私に言いました。やくざの娘でも何でもないのに、何でそこまで言われるのか、信じられませんでした。落ち込みながら家に帰ると、母が「〇〇さんのお母さんから電話があって、色々言われたけれど、どういう事？」と言われ、泣きながら事情を話しました。

いま考えれば、その友人の母親って変わっていると思う程度ですが、その時は、女の子の友人が皆、ひどい事をしたと悲しんでいました。母はだまって私の話を聞き、担任の先生に電話をしていました。その後、母は私に「違うよ、と笑いながらでなく、真剣に言えば良かったんじゃない」と言いました。

次の日学校では、一限目から授業を中止して、先生は学級会を開いて下さいました。男の子たちは謝ってくれたけれど、女の子たちは何も言いませんでした。その後一ヵ月は学校に行くのが辛く感じました。学級会を開いたって、男の子が謝ったって「私の母はあなたと仲良くするなと言った」という言葉が一番重く影響があったのか、女の子たちとは暫く仲良く出来ませんでした。

母にその事を相談したら「他の女の子たちと仲良くしてみればいいじゃない。もう終わった問題を引きずったらダメよ」と言われ、他の女の子たちと仲良くしました。その子たちは温かく私を迎えてくれて、今でも親友です。

母は私に、「笑い飛ばせ」といいましたが、その時はできませんでした。

わざとではなく

六年生の時に、暫く嫌な事を言われていて、学校へ行くのがすごく嫌だったことを覚えています。

原因はクラス対抗のバスケット大会があってリーグ戦で戦っていた時、他のクラスの女の子に私の手が当たって、その子が泣いてしまったからです。試合中は一生懸命だったので故意でやった訳ではなく、勿論謝りました。けれども勝ち進んでいくと、そのクラスのチームの人たちが、わざと私にボールを当てたりしてきました。でも試合中のことなので、痛くても我慢していました。

そして私のクラスのチームが決勝戦まで勝ち進んで、他のクラスのチームと戦った時、ある子が私に肘鉄をくらわせてきたり、足を踏んできたりしました。相手チームの応援も私に対するヤジもありました。私は悔しかったし、痛かったけれど、絶対に泣きませんでした。そして私のチームが優勝し、その日からしばらく、対抗したクラスの一部の人たちから嫌がらせが始まりました。

内容は私たちのチーム名が「エンジェル」(天使)だったので「デビル」(悪魔)と言われたり、私がそのクラスを通るたびに「このデビルが!」と言われたり、画鋲を靴に入れられたりしました。悔しくて悲しくて、「スポーツなのになんでこんなに嫌な事されなくてはいけないんだろう」と思いました。

学校も行きたくなかったけれど、私の学年は二クラスで、クラスの中では仲が良かったので、クラスの子たちは「間違っている、気にするな」と言ってくれました。また、私が他のクラスの子たちと合わないように行動してくれたり、かばってくれたので、学校へも休まずに行く事が出来ました。

暫くすると、その子たちも飽きたのか、先生が気付いて注意して下さったのか解りませんが、私に対するいじめはなくなりました。なぜこんなに私が嫌がらせを受けたのかと言うと、その女の子はそのクラスで一番持てる子だったからだと思います。後でいじめてきた男の子は、あの時はわざとだったと言い、その女の子も「ムカつくし、わざと泣いてん」と言いました。私は心底腹が立ちましたが、ここで私がその子に同じ事をしたら、その子と同じレベルの人間になってしまうと思ったので、平気な顔をしていました。

けれども、私がしつこいのかもしれませんが、いじめられた私は、その事を一生忘れないと思います。

人種差別

八歳か九歳くらいの頃、私は外国に住んでいた。当時はまだ日本人が珍しかったのか、どこへ行ってもジロジロ見られて監視されているような気持ちだった。

当時の私達に向けられる暴言の数々の中で、印象に残っているのは、容姿の事をからかわれ、「東洋人のくせに！」と言われて、突き飛ばされた事である。また道を歩いていたら、同じ年頃の子供たちから、石や泥を投げられたり、知らないおじさんに溝に落とされそうになったこともあった。

家には猫の死体やゴミを捨てられたこともあったし、表札にペンキをぶっかけられたりしたこともあった。しかも一度や二度ではない。結局、その家には数カ月しか住まなかったが、その場所でいつまで生活するのか分からず、先も見えない私達一家にとって、あの数カ月の生活は本当に辛く感じた。

両親が弱い人間であったら、おそらく一家心中をしていたかも知れないとさえ思う。

それを思い留まらせてくれたのは、日本で私達を待ってくれている人達や、現地の知人である。その方々とは今でも交流がある。

先生との対立

小学校の時、担任の先生がいじめられていた。その先生がいじめられるのには原因があった。先生が赴任してきた時、クラスのみんなは怖がっていた。最初からピリピリした雰囲気で、列が少しでもずれていたりすれば、ものすごく怒ってきた。そういったことを繰り返すうちに、いい加減皆も腹が立って来て、先生に嫌がらせをしたり、授業をボイコットしたりするようになった。

私も一緒に授業をさぼったりしていたが、だんだんとエスカレートしていじめに発展していったので、さすがにそこまでえげつない（ものの言い方ややり方が無遠慮で節度を超えているさま）事は出来なかった。ある子は給食に髪の毛を入れたり、またある子は、親を使って学校側に「あの先生は～～」と言わせて、精神的にダメージを負わせたりしていた。

私は、親を利用するのは卑怯だし、髪の毛を入れるとかも人として終わっていると思っていたから、そのようなことは一切しなかった。ボイコットがせいぜいであった。いじめはする側が勿論悪いと思う。しかし原因を作らないように努めるのは教師として大切なことだと思う。子供というのは押さえつけて、その場はおとなしくなっても、それが積み重なると大きなストレスとなる。特に大人は、子供にとって大きな存在なのだから、それを解っていながら、力を使うのは間違っている。

最終的にその先生は他の生徒に消しゴムを投げつけられ、それが目に当たって流血し入院した。その為に卒業式にも出て来なかった。卒業後、その先生から音楽付きのメッセージカードが送られてきて、ちょっと悲しくなった。感情だけで行動するのはよくないと後悔し、これからは考えながら行動しようと思った。

私は今まで人をいじめた事はありません。でも小学校の時、クラスの一人の男の子が外見の事でいじめられていたのに、私は止めることができませんでした。私が言うと、私自身も同じような事をされるのではないかと思ったからです。

当時の担任の先生は生徒から外見の事や先生の嫌なところなど、あらゆる悪口を生徒から先生本人にぶつけられていました。だからそのクラスは完全に崩壊していて、先生は手の施しようがないほどでした。

先生に触れるだけで誰もが気持ち悪く思い、先生の服を黒板消しで汚している子もいました。クラス全員が先生をいじめていたのかなと思います。勿論授業どころではなく、他の先生が教えて下さることも少なくありませんでした。

担任の先生が授業をしていると、外に出ていく子や、授業を聞こうとしない子等、あらゆる方法で先生を困らせていました。その為に何度も学級会が開かれたり、親と先生が話しあったりしましたが、卒業するまで何も解決されずに終わってしまいました。

でも先生は何とか児童と仲良くしたい気持ちで、生徒一人一人と交換日記のノートを作っていました。先生に対する不満や嫌なところなど、何でも良いから書くように言われましたが、それもあまり良い解決策ではありませんでした。でも今思うと、先生はものすごく年下の私達に嫌な事を言われながらも、必死で向き合う方法を探しておられたのだと思います。その先生は今どうしておられるのか知りませんが、その先生自身には、消えることのない心の傷が残っていると思います。

私がそう思えるのも、一つの理由があるからです。それは私もそのクラスで、自分の外見の事で悪口を言われたり、女子から避けられていると感じた時があったからです。すごくショックでしたが、何も抵抗する事が出来なかったし、その時は死にたいと思ったこともありました。だから今、テレビなどで自殺した人の話し等を耳にすると、心がすごく痛みます。死にたいと言う人は実際は死にたくはなく、誰かに止めてもらいたいと思っているのです。だから、親や周りの人たちは、そういう人たちが出すサインに気付いてほしいと私は思います。

私はいじめられた経験があるので、絶対に人をいじめようとは思わないし、これからの人生では自分の経験を何かの役に立てるようにしたいと思っています。

服装に関して

少し変わっている男の子がいました。その子は夏でも冬でも一年中裸足でした。ある時から、その子は、お風呂に入っていないという噂が広がりました。その噂のせいで、皆はその子が汚いと思うようになり、触るのを嫌がるようになりました。私もそう思っていました。

それからその子の名字の後に菌を付けた「○○菌」が広がりました。誰かがその子に当たったら、「○○菌がついた〜」と言って他の子にタッチし、タッチされた子がまた他の子にタッチしていく繰り返しが日々行われていました。私も皆と同じようにしていました。それをされている子は、本当に傷付いていたと思います。

無視

五、六年生の頃、私はクラスで七、八人のグループにいました。これだけいれば、その中に気の合わない子も当然いるわけで、グループの中では絶えず、いじめというか、仲間外れがありました。グループの一人Aちゃんが学校を休んだ日の事です。Bちゃんが C ちゃんと話していると、話題がAちゃんの事になり、彼女に対する文句を言い合っていました。

するとその話はグループ全体の話題となり、彼女の愚痴大会みたいになるのです。そして「明日から彼女を無視しよう」ということになり、次の日Aちゃんがいつも通り学校へくると、仲間外れにされているのです。

Aちゃんは訳のわからないまま学校生活を寂しくしていると、ある日グループの皆に呼び出されて、一方的に文句を言われるのです。そして皆に不満をぶつけられた次の日に学校へ行くと、今度は皆がとても優しく接してくれるのです。

それからまたある日の事、Bちゃんが学校を休みました。するとAちゃんと全く同じ事が繰り返されました。休んだら仲間外れにされると私は気付いて

いたので、休まず学校へ行っていたのですが、ある日学校を休んでしまったのです。「まさか昨日まで仲の良かった友達が自分を外すことなんてしないだろう」と思いながら、次の日に学校へ行くと、やはり無視されました。

じぶんが仲間外れにされた経験がなかったので、訳がわからず、どうしていいのかわかりませんでした。一日がとても長く感じて、イヤでイヤでたまりませんでした。でもここで逃げ出して学校を休むと、もっと大変なことになるかもしれないし、負けず嫌いな性格から、それだけはしたくありませんでした。そして何日かして皆からたくさんの不満をぶつけられ、次の日からはグループに戻れたのです。

私は三年から五年まで、いじめられていました。私はその間、誰にも相談できませんでした。親にその事を話すと心配させてしまうということもありましたが、その事がいじめている子たちに知られて、余計にいじめられるのではないかと怖かったのです。

その当時、私は何もしていないのに何故か無視されていて、けれども理由は自分でもわかりませんでした。まだ無視されている時はよかったのですが、そのうち文句も言われるようになりました。

ある日、私をいじめている子が二、三人、私のところへやって来ました。その日の終わりの授業が習字の時間だったのですが、その時に顔に墨を塗らしてくれたら、明日から無視しないからと言われました。私は無視がなくなるのならと思ってそれを受けました。私は学校から家が近かったので、顔を隠しながら裏道から帰りました。急いで家に帰り、誰にも気付かれないように顔を洗いました。その時の気持ちは今でも忘れることが出来ません。

そして次の日、その子たちに話し掛けてみると、やはり結果は無視でした。この時、私は、人は信じてはいけないと思いました。この子たちには、お金もせびられました。千円単位の金額で治まりましたが、私は彼女たちに、いつか復讐をしてやろうと思っていました。しかしそう思っている自分が虚しくなりました。

この事で、学校の先生は何もわかっていないと思いました。本当にわからないのか、わかっているのにわからないふりをしているのか、わかりません。今いじめが原因で自殺する子供がとても多いです。周りの人は、自殺するのは弱いと言います。私もそれは少し思います。しかし自殺したいと思う気持ちもわかります。いじめというのは、いじめている人はそんなに記憶に残らないと思いますが、いじめられた方にはそれがずっと記憶に残っています。だから、いじめられている人は、身近な人に言う事を怖いと思うかも知れないけれど、遠回しでもいいから相談してほしいと思います。

五年生の時、私を含めて五人の女友達で行動を共にしていました。しかしリーダー格である一人の女の子が率先して、五人の中の一人を、入れ替わり立ち替わりある期間に無視するといういじめがありました。私はそれほど意識せず、そのリーダー格の女の子が嫌いといった人と話しませんでした。

けれども恐れていた自分の順番がきました。その時本当に、無視されることの辛さが分かりました。自分が悪かったのなら言ってほしいし、謝れというのなら謝りたいと思うが、話しても貰えないので、とても悲しいでした。しかしそれと同時に、自分は無意識に、こんな辛いいじめに加わっていたのだとも分かり、辛いでした。それから私は、他の子がいじめられている時でも無視せず、遊んだりして、いつもと同じように接するように努めました。

六年生の時、一人ずつ二週間くらいの期間を決めて、毎回ターゲットは変わっていくが、「ハンパ」（無視することか？）する子がいました。その女の子は、自分がちょっと気に入らない事があったりするとターゲットを決め、仲間に、「今日から○○ちゃんをハンパにして」と言いふらして、次の瞬間からその子は、突然無視される。

そのターゲットが何人も代わっていって、殆どの子に回ってきた時、今までターゲットになった子同士で、今度は「ハンパ」している子の悪口を言い出し、その結果その子をクラス全員で無視するようになりました。

その子は給食の時も、一人で食べ、いつも廊下で泣いていました。放課後、その子が帰ってからは、机の中を皆であさって、テストが入っていたら点数を見て馬鹿にして、それからそのテストをぐちゃぐちゃにして、その子の机の上に張り付けておいたり、上靴を隠したりしました。

だんだんエスカレートしていって、ついに先生が気付いて皆で話し合ったのですが、解決しないまま卒業しました。

その他の理由

保育園では、確かに楽しかった記憶もあるのですが、皆によってたかって虐げられた記憶があります。あまりに小さい時だったので、痛かったという記憶はありません。ただ柵の隅っこに追い遣られて、皆で寄って集って私を足で蹴っていた。その時私は、小さくなって頭を抱えていた。

今でもこのシーンだけが、私の記憶に残っているのです。

初めていじめを受けたのは保育園の一年目でした。私と同じ地域に住む、一つ年上の女の子からでした。私の母とその子の母とは仲が悪いのが原因だったようです。

保育園では、先生がいないところでつねられたり、「保育園に来るな」と言われたりしました。最初は一対一でしたが、エスカレートし、五対一でいじめられるようになりました。

私は親に報告し、一旦は収まったのですが、結局その子が卒園するまで続きました。悔しくて、抵抗が全く出来ない自分を情けなく思いました。その子とは、保育園だけでなく小、中学校と同じでしたが、顔をみるのも嫌でした。


幼稚園の小さな子がする事ですから、それにいじめの内容は「はみご」（仲間はずれ）にされたり頭を叩かれたりで、陰湿ではなかったものの、私にとってはとても辛く、幼稚園には行きたくありませんでした。登園を嫌がり、帰って来る時はいつも「わぁ～わぁ～」泣いていました。

けれど親がいつも家の前で私の帰りを待っていてくれていて、泣きじゃくる私を抱きしめてくれました。幼稚園児がすることだからと、深刻に考えない大人もいるかもしれませんが、園児にとってはとても深刻な問題で、毎日「この世の終わり」みたいな気持でいたことを覚えています。

ホントに今思うと、あの時の親の支えはとても有難く思いました。あの時、いじめられたからこそ、他人に傷付けられた人の気持ちは痛いほど解るし、いじめなんて、人として最低な事だと思います。


幼稚園の頃、友達が出来なくて、誰かに遊んでもらう時に家からおもちゃをこっそり持って行き、その子に上げなければならなかった。

今考えると、別に持って来いと脅された訳でもないのだが、おもちゃを上げなければ自分は対等になれない、価値がないと思っていたのかもしれない。


後ろの席から椅子を蹴られたり、テストの時にカンニングさせるように言われたり、紙に答えを書かされて、それを回すように言われたり、また弁当のおかずを取り替えさせられたり、さらに、その子の家まで忘れ物を取りに行かされたり……。

最初はただの我がままだと気にしていなかったけれど、辛くなったので先生等に言うと、次の日から無視が始まり、またクラスの皆に悪口を言いふらされました。

五年生の時、クラスの女子には、幾つかのグループがありました。私のグループの女の子が、他のグループの子数人に泣かされました。その子がぶりっこだとか、男たらしなど、私には理解出来ない理由だったので、横からその人たちに口出ししました。それが、いじめられるきっかけでした。

私は四年生の時からバレーボールのクラブに所属していたのですが、私以外の子は全員、私が敵対してしまった子たちでした。学校では他に話す友達も何人かいたのですが、放課後のバレーボールの練習では、全く一人でした。

六年生になったある日、準備をしようと部室へ入ろうとしたら鍵が閉まっていて、入る事が出来ませんでした。中からは、皆の笑い声が聞こえてきました。それまで、「デブ」とか「ブス」とか言われたり、無視されたりすることには耐えていましたが、なぜかその時だけは我慢できませんでした。私は、その次の日に、大好きだったバレーボールを辞めてしまいました。

でもその時の経験で、私は人をいじめることはありませんでした。その代り、人との関係に壁を作り、苦手な人、または気が合いそうにない人から、完全に遠ざかるようになりました。また人から話し掛けてもらわないと、初対面の人とは話さなくなりました。これはきっと、あの時、逃げてしまった私の弱さが続いているのだと思います。

始まりがいつだったかはっきり覚えていないが、四年生頃から、私には友達がいなかった。数人それらしい人はいたが、決して友達と呼べるような関係ではなかった。私が通っていた小学校はとても小さく、一学年が一、二クラスであった。いつの頃からか私は、何かしたり言ったりするたびに、「調子に乗ってる」と言われた。普通にしているのに、もしくは少し笑っているだけなのに、次第に「調子ノリ」というあだ名にされた。男の子たちのほとんどは、私をそう呼んだ。

女の子たちは、マンガやサンリオグッズに夢中だったが、私はマンガに全く興味がなかったし、サンリオの商品を特に持っていなかったので、仲間に入れなかった。それに女の子たちは、男の子にからかわれている私を「男好き」と噂し続け、仲良くしようとはしなかった。勿論それだけではなく、私の性格にも問題があったのだが。

夏休みのある日、飼育委員だった私は、朝早く学校へ行った。すると、学校で飼っていたウサギの赤ちゃんが全て死んでいた。同じ飼育委員の子と先生のところへ行って、飼育の仕方や、学校側が作った赤ちゃん用の小屋に問題があった事を話し合った。委員の男の子たちは後になってやってきたが、八匹以上いた赤ちゃんの死は、とても悲しかった。

数日後、担任の先生から、「ウサギの赤ちゃんは、お前が殺した」と言われた。私は殺してないと言ったが、聞き入れてもらえなかった。それで私はその事を学級会議で持ち出し、先生から言われた事を皆の前で云った。会議では主権を先生が持ち、今度は先生がそんなことは言っていないと主張された。私をからかっていた男の子たちも、女の子たちも皆先生に同意した。それから私は、ほとんど誰とも口をきかなくなった。

親に相談すると、先生は悪いが、男の子たちはきっと私と話したいからからかっているだけだし、女の子たちも、ただあまり私のことを好きではないだけだから心配は要らないと言った。けれども当時の私の世界は、学校が中心だったので、そのことはとても辛く、ほぼ毎日泣いていた。学校で、泣いていない時は「調子ノリ」、泣いている時は、理由を言わなかったので、「泣き虫」と呼ばれていた。

どういう事が「調子ノリ」になるのか解らなかった私は、何年も友達を持つ事が出来なかった。どう思われるかと怖かったのである。今、私には仲の良い友達だけでなく、お互いに親友と言い合える友達がいる。しかし今でもまだ完全に「羽目を外す」と言う事は出来ないし、言葉に敏感すぎる傾向があるのは、小学校時代の出来事が原因になっていると思う。

一年生の頃、同じ班の子から、いつも嫌がらせを受けていました。体育の時間では、少しぶつかっただけで「私のお尻を触った」などと言われ、国語の朗読の時間では、少し間違ったただけで笑われたりしました。こんな生活が嫌で堪らなかったので、私は学校を休みがちになりました。家に居れば辛い事が忘れられると思ったからです。その頃は親にも話す事が出来ませんでした。

先生はあまりに休みがちな私を心配し、何度か話す機会を与えて下さったので、少しずつだけれど伝えることが出来、班の子とも何とか和解することができました。

しかし私をいじめていた一人は、それからの六年間、何度も私を苦しめ続けました。帰りに悪口を言われたり、違うクラスになっても、一緒のクラスであっても、その子は私の悪口ばかり言っていました。

五年生になり、初めて心を許せる友達が出来ました。その子とは何でも話せて、泣いたり笑ったり励まし合ったり、いつも一緒でした。その頃、私をいじめていた子も同じクラスだったのですが、嫌がらせも少しずつ気にならなくなっていたので、仲良しの友達と、私をいじめていたその子とも遊ぶようになりました。

丁度その頃、私にはクラスに好きな子がいて、仲良しの子によく相談していました。その男の子とは勿論仲が良かったのに、ある日突然私を避けるようになりました。私は誰にも相談せずに、一人で苦しんでいました。そしてついに病気になり、拒食症となり、死のうかという気持ちにまでなってしまいました。

その時に手を差し伸べてくれたのは家族、そして担任の先生でした。私が何も言わず耐えるばかりだったので、話す機会を与えてくれました。少しずつ病状も回復し、クラス皆から手紙をもらいました。復帰してからは、授業の遅れを取り戻すことに必死でした。私の辛い状況を知らなかった友達が、色んな事で私を助けてくれました。私はその事への感謝の気持ちを作文に書き、学級新聞に載せてもらいました。私をいじめていた子は、私に優しくしてくれなかったけれど、私は少しずつ気にならなくなりました。

五年生の終わりに、仲の良かった子が転校していき、私の心には、ぽっかり穴が空いてしまいました。

それから一ヵ月後、彼女から手紙をもらいました。そこには、私をいじめていた子は私がその子と仲良くしているのが気に入らなかった事や、その子もいじめられるのが怖くて、私がしゃべっていた事は全ていじめていた子に知らせていた事などが書かれていました。

転校していったその子が本当の事を話してくれたこと、謝ってくれた事が、私は嬉しくて、手紙の返事に、「話してくれて有難う」と書いたのを覚えています。許すことはなかなか難しい事かも知れないけれど、正しいことだと思ったからです。辛かった経験も見方を変えれば強みになる。これをバネに、これからも人との出会いを大切にしていきたいと思います。

私が通っていた塾では五年生で新しいクラスになり、周りは知らない人ばかりでした。少し話すくらいの人はいたけれど、仲の良い友人はいませんでした。そんな中で、四人グループの男の子たちが私に話し掛けてくれるようになり、異性だけれど嬉しく思っていました。だから彼らを信じて毎回塾に通っていたのですが、いつの頃か、私への接し方がいじめのように代わってきました。

塾に着くと私の机に落書きがしてあったり、筆箱を取られて教室内に隠されたり、授業中に消しゴムのカスやかけらを投げられたり等。イラつきましたが、私は笑ってごまかしていました。そんな私の表情に満足しなかったのか、日々エスカレートしていきました。けれどもそのような状態の中で、私は一年間しっかりとその塾に通って進級する事ができました。

一年間諦めることなく、よく耐えて塾に通った事は、自分でもよくやったと、今でも思っています。

二年生の時、幼馴染みと一緒に体操を習っていました。通学している小学校でやっていたので、大抵の子は週一回通っていました。体操が終わると、お菓子を食べながら帰るので、いつも通り幼馴染みと自分の分の二人分を持って学校を出ました。けれどもその日に限って近所の〇子ちゃんが一緒に帰ろうと言ってきたのですが、お菓子を二人で食べたかったので一緒に帰りませんでした。

家についてすぐに、その子の親がやって来て「一緒に帰らず、うちの子をいじめた」と怒鳴りこんできました。その後、何日も私の母と〇子ちゃんのお母さんは学校へ呼び出されました。

〇子ちゃんはというと、私と幼馴染みの三人で遊んでいる時など、私と幼馴染みと話せないようにしたり、私の持っていないおもちゃでわざと遊んだりして、私を疎外するようにしていました。しかし私は母にそれを言うのが嫌だったので、母はいつも責められていました。

四年生になった時、幼馴染みと私と〇子ちゃんともう一人の幼馴染み△ちゃんの四人が同じクラスになりました。その頃の私は、希望者が校長先生たちと行く山登りに参加していて、この山登りに四人で参加しました。

私達は山道を下る時に、服を一枚脱いだりしてゆっくりと歩いていましたが、〇子ちゃんは一人でさっさと下りて行ってしまいました。それで残った三人は、楽しく歩いて下りて行きました。下りた後はバスに乗ったのですが、今度は〇子ちゃんと幼馴染み、そして△ちゃんの三人で座ってしまい、私一人になりました。

こんな事があったのに、山登りから帰った後、また〇子ちゃんのお母さんからお弁当を食べる時の座り方や、山から下りる時はわざとゆっくり歩いたなどの苦情があり、母がまた呼び出されました。

またある時、○子ちゃんが日直で給食台をきちんと拭かなかったので、私は注意をしました。けれども○子ちゃんは「他の子もちゃんと拭いていない」と言って言い合いになりました。私は許せなくて、暫く彼女と話しませんでした。すると先生から「何でいじめてるの。ちゃんとしゃべりなさい」と言われて、怒られました。私は納得がいかなかったのと、悔しさで泣いてしまいました。この事に関しては、今でも悔しく思っています。

六年生の時、私は四人でグループを作っていて、五年生からの仲良しでした。ところが私以外の三人がお揃いの物を持ったり、私だけ解らない話をするようになりました。一緒にいても話しに入れなかったり、無視されるようになりました。徐々にエスカレートしていき、私の物が盗まれたり、靴を隠されるようになりました。まさかその三人がしているとは思いませんでした。

靴を隠された時は、皆の靴も隠されていました。皆はすぐに自分の靴を見つけましたが、私はなかなか見つけることが出来ませんでした。しかしその瞬間、私は「今まで、何度か靴を隠されたり、物が無くなったりしたのはこの三人のせいだ」と気付きました。

けれども私は負けたくなかったので、「あんたたちがやっているって、バレてるんだけど」とその場で言いました。三人とも否定しましたが、私は確信していました。三人に無視されている時は本当に辛かったけれど、「私が何をしたの？」とずっと思って我慢していま

した。私は負けたくなかったので、誰にも言わなかったし、泣きませんでした。自分でどうにかしてやる!!と思っていたし、他にも友達はいたので。

何日か経って、三人が謝ってきました。理由はそのうちのリーダー的存在の子の妬みからでした。彼女は中学受験をするから、放課後も遊べないし、限られた友達しかいませんでした。私は男女関係なく友達がたくさんいたし、クラスのリーダー的な存在に思えたようで、羨ましかったのだそうです。そんなこと?と思いましたが、その子にとっては寂しい気持ちだったのだと思います。それに気付いて上げられなかった自分がとても嫌でした。

いじめられた時、私にはそれに立ち向かう強さがありました。けれども言いだせずにいる子は多いと思います。いじめに悩んでいる子は、抱え込まないで、誰かに相談してほしいと思います。

いじめたこと

嫌がらせ

友達と一緒に年下の子に嫌がらせをした事がありました。嫌がらせをしていた時は何も考えず、相手の気持ちも考えずにしていました。事が重大になり、親たちが呼び出されました。そしてその子とその両親に対して、親が頭を下げている姿を見て、ほんとうに最低な事をしたと思いました。

その子が私達に対して何かをした訳でもなく、私達は何も考えずに嫌がらせをして相手を傷つけてしまいました。もし逆に私がその立場だったら、相手を許す事ができないと思います。しかしその子は許してくれたので、私のせいで傷ついたのにもかかわらず、寛大な心を持って許してくれたその子と自分を比べ、一層自分はなんて心が狭くて最低な人間なんだと思いました。

私はいつも強いグループにいたから、いじめる方だった。いじめているという感覚は全くなかった。ただ仲の良い友達にちょっとからかっていただけ、しかも私一人で、という感覚だったし、友達同士のふざけ合いだとばかり思っていた。

でも先生から放課後に残れと言われ、話をしていくうちに、その友達が家族に「私、死にたい」と話していると聞いた。私は、何で?何で?と思った。先生はとても感情的な人だったから、泣きながら私に、私が彼女にした事と同じ事をした。でも、私はやっぱり私はいじめてる感覚なんてなかったから、私も泣きながら、何か忘れたけれど、先生に言った。

結局、その子に謝り、一緒に帰らされ、後日、親とその子の家にも行った。その子とは仲直りしたけれど、今でも心に残っている事がある。

仲の良い友達でふざけていただけだったのだから、嫌なら嫌と言ってほしかったとその子に対して思う。それから先生に対しては、私の話しを全然聞いてくれなかった。謝れば解決なんですか？　自分の話を聞いてもらえない事が、こんなに嫌だとは思わなかった。

でも今になっても、私がしていたことが原因で友達があんなに苦しんでいたのに、それを理解出来なかった自分が嫌になります。私が思っている何十倍も苦しんで、言えなかったのだろうと思うと。

無視

クラスで仲の良かったグループの中の一人がリーダー格の子とケンカをして、その子がいじめられるようになりました。最初は無視でした。そのうち段々とエスカレートしていきました。

私達は無視するのが嫌で、初めはリーダー格の子に隠れて話をしたりしていたのですが、段々他の子もリーダー格の子と同じ態度をするようになってしまいました。でも私はそのいじめられている子とは家が近く、それに無視する理由もなかったので、一緒に帰っていました。けれどもリーダー格の子や他の子に、いじめを止めるように言う事は出来ませんでした。

無視の次は悪口でした。今思うと、すごく最悪ないじめです。いじめられている子の下駄箱に「バカ」とか「デブ」といった手紙を入れるのです。それも最後には「死ね」までエスカレートしていきました。

性格等の為

小学校の時の私は、いつも良い子になっていました。例えば、友達から何かを頼まれればすぐに「いいよ」と言っていました。けれどもだんだんとストレスがたまってきて、違う友達に「最近、○○ちゃんといると疲れるわ」と愚痴ってしまいました。するとその友達も「私も思ってた。最近調子に乗ってる」と言ってきたので、そのまま二人で愚痴を言い合いました。

それだけで済ませばいいものを、今度は他の子にも共感を持ってもらいたくて話したら、皆も同じ意見でした。そこからちょっとした嫌がらせをするようになりました。その子が来たら空気を変えたり、冷たくしたりなど。その子は嫌がらせをされている事に気が付き、泣き出してしまいました。

その後、その子は少しましになったのですが、何か月が経つとまた我がままが出てきました。私達周りはまた冷たい態度を取り、無視し始めました。その繰り返しが何度も続きました。

今振り返ってみると、友達の欠点を言う勇気がなかったので、皆で嫌がらせをしてしまった、小さい人間だったと思います。

その他の理由

私の地元は大変田舎で、幼稚園のクラスは、男の子が二十人近く、女の子は私を含めて四人でした。私は仲の良い一人の女の子と一緒になって、好き放題、我がまま放題をし、遊ぶ時も、一人の女の子を仲間外れにしたりなどの嫌がらせをしていました。

四年生の時です。下校は近所の子何人かと帰るのだが、一人ちょっと変わった女の子がいた。一年生から四年間も同じクラスだし、家も割と近いので仲も良かった。女子五人位で帰っていて、いつもちょっとしたからかいとか、ちょっかいを出したりしていた。

その時はその女の子もあまり嫌がっているようには見えなかったが、何回かやっていくうちに嫌がるようになってきた。けれども私達はそれを面白がるようになり、止めなかった。

ある冬になりかけの下校時に、落ち葉を女の子の服のフードの中にいっぱい入れた。女の子は気付かずに家に帰って行った。

次の日、私達は先生に呼び出された。女の子のお母さんから電話が掛って来たと言われた。遊び半分でやってたのが、こんなことに発展するとは思ってなかったから、あせりがあった。その時は気まずい雰囲気だったが、先生に怒られて反省文を書かされた。その後また、小学生だからかもしれないけれど、また冗談などを始めて、女の子が笑顔になったから、私は安心したのを覚えている。

いじめるつもりなんて全然なかったのに、という出来事なのだが、それが発覚したのが、いじめられたと思った男の子が書いた日記であった。

ある男の子が、宿題の日記にひとつの出来事を書いた。その出来事というのは、前日の給食の時間に、床に落ちた物を男の子がスプーンで拾った。そのとき、スプーンが床に付きそうだった。実際には付いていなかったが、その子がそのスプーンでシチューを食べた時に、私ともう一人の女の子で「あっ、床に付いたスプーンで食べた！」と冗談で言った。その子は「何で食べる前に言わへんねん！」ってちょっと泣きそうな顔だった。

このことが書かれた日記を読んだ先生は、私達を呼び出した。それで「あれは冗談で言っただけで、実際は床に付いていません」と言って謝った。

その男の子とは普段から仲の良い友達で、ちょっかいを出したり冗談を言い合っていた仲だったからこんな事が言えたのに。複雑な気持ちだった。

五、六年の時のクラスで、皆から嫌われている女の子がいて、私も一緒になってその子を無視していました。別にその子に嫌いなところがあったり、何かされた事もなかったのですが、私がその子と話したり仲良くしたら、私まで皆からいじめられるのではないか?という気持ちから、無視していました。今思うと、これは正真正銘のいじめだったと反省しています。

中学生になってからは、その子に対するいじめはなくなったので、私もその子と普通に話せるようになりました。けれども私は、「小学校の時、あんな事したのに、何で私と話してくれるのかな?」と胸が痛く、その子に対して申し訳なさでいっぱいでした。

それ以来私は、人をいじめる事や、無視することはしなくなりました。

小学校の頃の友達、その子はくせ毛だったので、あだ名は「もじゃ子」であった。その子は消しゴムのカスを掛けると、頭をブンブン振って払い落すのだが、その仕草が面白くて何回もやった。お互い笑いながら、冗談交じりだったが、人数が増えると訳が違う。

特に仲の良くない子や塾の子までが「モジャ子」「チリ毛」等と言っていて、ついにクラス会議になってしまったことがある。今、彼女に会うことがあれば、謝りたいと思っている。

クラスのある女の子は、ものすごく活発で、冬でも半ズボンでスカートは絶対はかないような子でした。服装は毎日同じものを着ていました。彼女の家には十匹くらいの猫がいて、「押し入れの中でまた猫が赤ちゃんを産んで、朝起きてびっくりした」などとよく言っていました。その話を聞いていたので、皆は清潔なイメージを彼女に対して持たなくなり、次第に避けられたり、「汚い」と言われたりするようになりました。

私は、彼女と一緒に学校から帰ったり、一緒に遊んだりしていたのですが、彼女へのいじめの行為がエスカレートしていくにつれて、ぎくしゃくした感じになってきました。私は特に彼女を避けたりはしなかったけれど、その頃の正直な気持ちは、「もしこのままこの子と遊んだり、学校から一緒に帰ったりし続けたら、私も彼女みたいにいじめられるかもしれないし、どうしよう」と思い、自分もまた彼女を避けた方が良いのではと考えたりもしました。

彼女はもともと学校を休みがちだったのですが、とうとう頻繁に休むようになってしまいました。一時はそう思ったのですが、やっぱり皆の行為はおかしいと思ったので、手紙を書いて学校の帰りに彼女の家に立ち寄った記憶があります。学校では先生が何回か話し合いの時間を取って下さり、皆も解ってきて、そのいじめの行為はほとんどなくなりました。


今思うと本当に情けない話ですが、小学校の頃、級友と一緒に一人の男の子をいじめていました。その経験は今でも私の中で暗い影を落とすものですが、当時の私にとっては、自分をいじめの対象から外す唯一の自己防衛策だったのです。

その男の子は体が弱いことを除けば、特に変わったところもない普通の子でした。

ただ病弱だったために、マラソン大会や山登りなどを休みがちで、一部の級友からは「嫌な行事だけ都合よくズル休みする子」と反感をかっていました。そんなちょっとしたやっかみや妬みが、次第にクラス全体を巻き込むいじめへと発展していきました。

わたしはその年に初めて彼と同じクラスになったので、面識もなければ、個人的な恨みがあった訳でもありません。だから彼は私にとって一人の級友であり、一年を同じクラスで過ごす友になるはずでした。それなのになぜ私が彼をいじめる側に回ったかというと、それは単に私の友人数人が彼を嫌い、私は浅はかにも「同調しなければ自分が仲間外れにされるかもしれない」と、自分の立場だけを危ぶんだからです。

人間は、自分に共感してくれる人間を中心にグループを形成していく生き物だと思います。誰かと異なる意見を持っていても、時にはそれを隠して同意することで、人間関係を波立たせることなく保っていくことに長けています。しかしそのことは裏を返せば「腹を割って話せる本当の友達を作れない」ということになるのではないでしょうか。当時の私はそんなこともわからず、いじめなんて間違っていると思いつつも、反論して自分がいじめの標的にされるのを恐れて、彼をスケープゴート（身代わり、犠牲の意）にしていました。罪悪感を抱きながらも、ひとりを吊るし上げることで身を守っていたと思います。

一度「いじめられる側」になると、環境が一新するか、周りが改心するまでじっと同じ状況に置かれ、苦しむことが多いと聞きます。その男の子もそうでした。彼が誰かと親しくしているのを、私は卒業まで見たことがありませんでした。もし当時の私や級友たちが、彼の心の痛みを少しでも理解しようとしていたなら、彼の学校生活は友人との楽しい思い出に溢れていたのに違いありません。それを奪った一人は間違いなく私であり、今思い出しても後悔と罪悪感、彼への謝罪の気持ちしかありません。

六年生の時、クラスにとっても大きな体格をした女の子がいました。その子は大人しく、また足にあざがありました。その為にクラスメートたちは、いじめることはしなかったけれど、なんとなく皆その子を避けていました。

五年生の時に同じクラスの男の子を、クラス全員でいじめたことがあります。その男の子は、特に悪いことをしたわけではありませんでした。彼は少し個性的な子で、服装は冬でも夏みたいに薄着でした。しかもかなり着古した感じで、いつも鼻水が出ていて、言い方が悪いですが、汚らしいイメージの子でした。話し方もたどたどしいところがあったので、その分余計に皆のからかいの対象になっていました。
最初は陰でコソコソと噂をするだけだったのですが、段々エスカレートして彼が近寄るだけで、皆嫌な顔をして離れたり、隣の席になった人は、わざと机を離して座ったり、彼の触った者や彼の持ち物は、全てゴミ扱いしていました。

ある日その話を聞いて、彼の母親が朝早くから職員室に来て、泣きながら学校に抗議をしました。それでクラス会が開かれました。そこで彼は、自分は何もしていないのに、皆から汚い者扱いされて嫌な思いをしたり、何かする度に皆にクスクス笑われて辛かったと打ち明けました。先生もその話を聞いて、涙を流しながら皆を叱りました。最終的に全員が反省し、一人ずつ彼に謝りました。勿論私もです。

中学生時代

いじめられたこと

体形について

中学校のいじめは、「気に入らない」という理由が存在し、そこからスタートする。中学の時、友達のひとりが、その明るい性格、喋りすぎなところ、男友達が多いところに眼を付けられていじめに合っていた。そしてその子の友達だった私もいじめられた。

殴られたりすることはなく、教室内で大声で悪口を言われるのが殆どだったが、これほど辛い事があるのかと思うほど、精神をズタズタにされた。しかし当のその子はあまり堪えておらず、男の子を味方につけたりして、私も色々と迷惑な事をさせられた。

男の子数人に、「顔が長いから黒板が見えないこと分かってんの?」とか、「そんな細い眼で、本当に周りが見えてるん?」とか、「宇宙人との交信はいつするん?」とか、人が変わっても、言葉のいじめが続きました。そんな嘲笑う男子の声が、今でも耳から離れません。

中学が私にとって、いじめのピークだったのですが、その時は何度も死のうと思っていました。死んでしまえば、皆喜ぶはずだし、死んでしまえば、もうこんな辛い目に合わなくてすむと、いつも思っていました。本気で台所の包丁を構えたこともあります。毎晩、毎晩ベッドの中で泣いていたこともあります。朝が来なければいいのに、明日が来なければいいのにと何度も何度も思いました。どうしてこんな私を産んだの?と母を責めたこと（心の中で）もありました。それでも私は病気以外で学校を休んだ事はありませんでした。いじめられる事がわかっていても、毎日学校に通いました。

私はいじめられる辛さを知っていたから、絶対に他人をいじめたりしませんでした。自分がされて嫌な事は他人にも絶対してはいけないと祖父母や親から言われていたからです。だからいじめる側にいる人達にしてみれば、中立の私は目障りだったのでしょう。ある朝の登校時に「あんたはいつも、言葉で他人を傷付けてるんだよ。わかってるの?」と面と向かってスパッと言われました。さすがに精神的にグサリときました。

このような経験から、今でも数人の男子がこちらに向かって来るのを見ると、過剰反応して、足がすくむ時があります。ぶっちゃけ、男の子は好きではありません。良い人だと分かっていても、それでもやっぱり震えてしまいます。克服しなければ!と思うのだけれど、心や体は拒否しています。

一年生の頃の私は、今とは異なり、見た目が暗くて人付き合いもせず、クラスの女の子ともあまり一緒にいませんでした。そのためにクラスの男子から、休み時間になるとからかわれました。

最初は「何で私にかまって来るんだ?」と思っていましたが、それがからかわれていることだと気付き、とても嫌になりました。「いじめ」というより「からかわれ」という方が良いかもしれません。でも私は、それが苦痛でした。

からかわれる理由はよくわからないのですが、思い当たることは、髪が長くて括っていなかったことと、クラスでいつも一人でいたからだと思います。それでクラスの中で浮いていたためか、数人の男子にからかわれていました。

一週間後くらいに、担任に呼び出されました。そして「いじめにあってるね?」と言われました。私もそろそろ担任に話そうと思っていた頃だったので、びっくりしました。担任はその事をクラスの人から聞いたそうです。

担任と話した翌日から、その男子からのからかいはなくなりました。からかいがなくなったのは良かったのですが、逆に何もない事に気持ち悪さも感じました。けれども私もそれからは、少しずつクラスの女子とも関わったりするように努めたり、髪を切ったりしました。すると、それ以来いじめはなくなりました。

クラスの男子にいつも言葉でいじめられました。授業中でさえです。「顔が不細工」、「顔が長い」、「目が細い」など、いつも数人の男子が一緒になって言うのです。私の方を見て、嘲笑った顔で。時には名前で散々いじって遊ばれたり、名前を呼ばれるから振り返ってみれば、「バ～カ」と言われたりしました。そして周りの男子は、私の反応を見て散々笑ったり、けなしたりしているのです。

また「○○さんは可愛いから何十万円だけど、奴は（彼らは私の事をそう呼んでいました）不細工だから値も付けられない」などと、理科実験室の向かいの席から言われるのです。

消しゴムを細かく切って、授業中に後ろから投げられたり、その消しゴムが髪にくっ付いて取れないのを見てあざ笑ったり。また私が持った物、触った物は全て汚いから、先生に言われて配ったプリントでも「お前が触った物なんて要らない」と押し返されたり、投げ返されたり。中間、期末のテストの点数を無理やり公開させられたり。（そういう時に限って、点数がイマイチ良くないのです。）それで私が堪え切れずに泣きだすと、「こいつ、〇分泣いてる」と時間を計られたり。

私が泣くと、彼らは少しいじめる手を緩めてきました。でもそれは焼け石に水でした。担任の先生に注意されても、全く効果がありませんでした。先生は「言い聞かせたから大丈夫」と言われましたが、変化はありませんでした。他の先生からは「放っておけばいいんだよ」と言われ、母からは「あんたが何も言い返さないから、向こうは図に乗って来るのよ」と言われましたが、そんな器用な事が当時の私には出来ませんでした。結局中学三年間は男子にいじめ倒されました。

三年生の時、クラスでいじめがありました。私のクラスは学年の中で結構主張の強い男女が集まっていたと思います。しかし本当に皆が仲良く、良い事や悪い事の区別が出来るまとまったクラスであったと思っていました。

ある日クラスの女の子が、ある男の子のことをワキガで臭いと、友達や周りに言っていました。私はその男の子に対してその事で何も思わなかったし、女の子も、自分の思っている事を友達とのおしゃべりの中で言っただけと思っていました。

でもその日からその男の子を取り巻く環境が今までとは全く違うものとなってしまいました。それから二週間くらい続くと、その男の子は登校拒否になってしまいました。

クラスで話し合いが行われても、誰も何も言わず、先生が毎日のように何故男の子が登校拒否になったかをクラス全員に聞いても、誰も何も先生に言いませんでした。その男の子が学校に来なくなっても、皆何も無かったかのようでした。私は、この事に対して、今でも自分が本当に嫌になります。

私が経験したいじめは、よくある女子の気紛れで起こる、一時的ないじめとは全く違っていた。彼女の肌の色は浅黒く、肘や踵は粉がふいていて、近付くと少し変な匂いがした。そしていつも親指を吸うか、爪を噛んでいた。勉強は出来る方ではなく、小学校では「やまびこ学級」という、特別学級にいた。

その彼女と私は、中学生になってから、一緒に勉強するようになった。小学生の頃「やまびこ学級」にはたくさんのおもちゃや本、時にはお菓子まであったので、それを目当てによくそのクラスに行っていた。だから先生から、私とその子A子ちゃんは仲が良いと勘違いされて、中学校のクラスでは、いつも彼女の隣の席に座らなければならなかった。時には、先生に直接呼び出されて「あの子のこと、頼むな」と言われたこともあった。

しかし私はその事がとても嫌だった。なんでいつも私ばっかり、と思っていた。周りの友達からも「あんたいつもあの子と一緒におって、エライね～」と言われたりする度に、ますます、彼女と仲良くする事が嫌になった。

ある時、彼女と他の友達でお弁当を食べていた。彼女はその時、機嫌良く話していたが、その時、彼女の唾が飛んで、私のお弁当の中に入ってしまったのだ。友達は皆見ていて、「汚～い！」とか「謝りや」とか口々に言っていた。私は、ここでお弁当を残したら、彼女にも悪いし、先生にも怒られると思い、そのお弁当を食べることにした。

後から皆に「すごいね、偉いね！」と褒められたが、実は、結局彼女の唾が入ったであろうと思われる箇所一帯は食べなかったのだ。私は密かに、皆から嫌われている彼女に、「私だけが仲良くしてあげている」私自身が気に入っていたのだ。私も周りにいるいじめっ子と、何ら変わらなかった。今でもあの時、お弁当を食べなかった事をとても後悔している。

性格など

二年生のある日、学校へ行くと、前日まで仲良しだった友達グループに無視された。そしてありもしない事をペラペラ話して、私を孤独に陥れた。その後ただ一人で、この虚しさに耐える日々が続いた。

どうしてターゲットが自分なのか最初は判らなかったけれど、徐々に私の固い考え方が許せないと云うのが原因だと判った。

私は決められたルールを守らなければ気がすまない性格のため、学校の規則を忠実に守っていた。けれどもそれは、当り前のことだと思っていた。スカートの丈の長さや髪形など風紀的な事と勉強で努力するという事は、生徒であればごく普通のことだと思っていた。

しかし理由が判っても、私は自分の行動を変化させなかったし、出来なかった。今でも私は、保守的過ぎる為に、周りの環境に馴染むのに苦労することがある。

結局担任の先生が気付いて下さるまで数週間、言葉、態度、嫌がらせといったことに苦しんだ。人の助けを当てにするのではなく、自分自身が問題に立ち向かっていかないといけないのは良く判っていたが、出来なかった。

女子が男子を

私の通っていた中学校は、改築されたばかりの新しい校舎だったのですが、生徒たちが休み時間になるとトイレで煙草を吸ったりする子も多かったので、すぐに汚い校舎となってしまいました。

その中で私達の学年は圧倒的に女子の勢力が強く、男子も警察にお世話になる子もいましたが、それにも女子は劣らないほどでした。男子と同様に休み時間はトイレで煙草を吸い、帰りは近くのショッピングセンターに制服のまま遊びに行っていました。化粧をして登校し、髪を染め、ピアスをし、ルーズソックスを履くというのが当たり前になっていました。私の中学校の制服は、当時市内で唯一のセーラー服だったこともあり、警察やショッピングセンターのブラックリストに名前が挙がり、目立っていました。

ある日、私のクラスで、ある男子が女子からいじめられるという事が起こりました。その子はいわゆるナルシストで、髪を染め、ピアスも開けていて、いつも目立つグループの中心にいるような子でした。休み時間になると、女子グループから「気持ち悪いねん！　ウザい！」とか「マジで失せろ！」という言葉が飛んでいました。

私は驚きました。自分の中学の状態と、クラスの人達のこのような様子が世の中にあるのだということが信じられませんでした。

転校など

一年生の時、ある女の子が転校してきました。その子は、皆が関西弁で話すのに、東京弁で話し、大きな声で独り言を言い、人より長いハイソックスをはいていて、アニメオタクである等の理由から、次第にからかわれるようになりました。皆はその子のことを笑っているので私も笑っていましたが、その子の前では笑わずに、いなくなってから笑っていました。

ある日、クラスの男の子たちが教室の中で、小さなボールでキャッチボールをして遊んでいました。その時、そのボールがその子の足に当たってしまい、その子は男子に向かって「迷惑しているの、止めてよ」と怒りました。そしてその時から、いじめへと変わりました。

その子はどちらかと言うと、背が低い方だったので、彼女の所持品を高い所へ置いたり、隠したりされていました。そして次第にエスカレートしてきたので、担任の先生も気付いて、道徳の時間にそのことについて話し合いが持たれました。先生は涙ながらに、いじめられた時の辛さを訴えて、止めるように仰いました。それからいじめはなくなりました。


一年生の時、関東弁ということで、嫌な事をたくさん言われました。担任の先生が気付き、相談することができました。

しかしそれから、先生がその本人に話されたらしく、体育の後、ドアに突き飛ばされたりもしました。

私の周りには、クラスの友達や私といつも一緒にいる友達もいましたが、皆黙っているだけでした。その経験から、私は黙って見ているだけの人にはなりたくないと思いました。

結局その嫌な事をたくさん言ったり、嫌がらせをしてきた人は、転校してしまいました。

この事があって、他人と話す時の話し方を考える機会が出来たので、良かったのかも知れませんが、人を傷付けることを言うのは罪悪だと思います。

中学校の時に引っ越し、そのために転校をしました。もともといた学校は一学年が二クラスしかなく国立と言う事もあって、いじめや生徒が先生に反抗するなどということは一切なく、とても居心地のいい学校でした。

しかし転校した先の中学は市立で一学年七クラスもある、いわゆるマンモス校で、校則に反した服装や髪型の生徒や、頼りない先生がたくさんいました。

ある日、理科の新しい先生が赴任してこられました。そして皆も自己紹介をすることになり、一人ずつ名前を言っていきました。そしてある女の子が「○○ひろ美です」と言うと、ある男の子が「ヒゲ美で～す」と言いました。その女の子が名前を言うと、誰かが必ず「ヒゲ美」と馬鹿にしたように言いました。その女の子は物静かなおとなしい子で、口の上の産毛が目立つ子だったからです。

誰かが彼女をからかうと、その直後から彼女の友達が急にひろ美ちゃんによそよそしくなっていました。そんな時こそ「気にしない方がいいよ！」と声を掛けたり守ってあげるのが友達だと思っていました。けれどもそこの学校では、自分がいじめられないように、誰もがビクビクしながら学校生活を送っているように思えました。

この事以外に、男子のいじめは身体的なもので、数人で一人の子を囲みながら殴る蹴るは日常茶飯事でした。先生方よりも体格のいい生徒がそんな事をしているので、見て見ぬふりをする先生もおられました。私はそんな学校に毎日行くのが、本当に憂鬱でした。

人に苦痛を与えるエネルギーがあるのなら、もっと他の事にそれを使ってほしいと思います。これだけ人間がいたら自分と合わない人がいて当然で、どんな相手も受け入れる寛大さと協調性を持って、相互理解があれば、いじめだけでなく戦争等も減るのではないでしょうか。

二年生の時、東京の中学校に通っていて、吹奏楽部に入っていました。同期はたったの四人でしたが、団結していました。特にその中の一人とは仲が良く、交換日記や手紙のやり取りをしていました。その子は二人で行動する事を好み、私が他の子と仲良くしていると嫉妬したり、会話を中断されたりしました。それでも優しく、面白い子でした。

しかし数カ月後、急に突然冷たくされたり、無視されたりし始めました。理由が判らなかったので尋ねてみると、関西弁が気持ち悪いという事でした。そして「私なんかと仲良くしなくていいんじゃない」といわれました。

とても寂しく悲しくなりましたが、同じ部活なので気まずくなるのは嫌でした。それで自ら進んで話し掛けましたが、逆に余計に避けられ、他の二人からも冷たくされ、どんどん孤立していきました。

当時の私は誰も信じられない状態でしたが、学校を欠席することなく行っていました。それが今の私の強さだと思います。

人種、国籍など

私の両親は日本人ではありません。幼い時は自分が周りの人と違うという事が嬉しくて、皆に両親の話をしていました。けれども周りの子供達からみたら、皆と違うということがあり、からかいの要因になり、悪く言われた事があります。

私は、その事にとても傷付いたので、両親に中国語で会話する事も、家に中国人の友人を呼ぶ事も嫌だと言った時期があります。今は全くそんな事を思っていませんが、当時はその事が原因で、両親と一緒に居たくないと思った事もあります。今は、当時の自分は本当に馬鹿だったと思っています。

一年生の時、私はクラスで三人の仲良しグループにいました。そのなかのAちゃんは在日朝鮮小学校に通っていた子で、朝鮮学校に通っていると大学の受験資格が得られないという理由とかで、親に強制的に日本の公立中学校に入学させられたのでした。勿論そんな事情は当時私には、分かりませんでした。

私はAちゃんが好きだったし、国籍などについても何とも思わず仲良くしていたのですが、ある日、Aちゃんの我がままで、二対一に対立してしまいました。そのことでAちゃんの悪口をBちゃんとの交換日記に書いてしまいました。それをAちゃんに偶然見つかった事がきっかけで、すごい問題に発展してしまいました。

本当に無知だった私とBちゃんは、何気なく中国と北朝鮮の事を書いてしまったのです。当時私達は、中国と北朝鮮の違いすら知らずに、何の悪気もなく国について書いてしまったのですが、彼女にとっては、相当怒り狂う事だったらしく、親と先生まで巻き込む問題になってしまいました。

後で歴史を学び、またその後、テレビや新聞でも日本とそれらの国々との問題を知るようになって、漸く自分たちのしでかした事の重大さに気付き、今でも心が痛みます。

男の子が原因で

友達の好きな男の子と仲良くしていたという理由で、皆から「シカト」（無視）されました。ある朝学校へ行ってみると、皆の私を見る目付きが違うのです。仲の良かった子は、他のグループでしゃべっていて、何となく輪に入れない雰囲気がありました。でも自分ではシカトされるなんて思いたくなくて、友達に話し掛けたりしたのですが、やっぱりいつもの友達ではなく、皆が私をシカトしていることに気付きました。

その時期、私は本当に学校に行きたくなかったし、家に帰って母の顔を見ると、泣きそうでした。母は知らないと思うと、母に申し訳なく思いました。

けれどもある期間を過ぎると、その女の子が私に普通に話し掛けてきて、訳を話してくれました。友達が笑って話し掛けて来てくれた時の顔は一生忘れません。

この時から、友達がどれだけ大切かを、私は考え始めました。必要とされていない人なんていないのだから、無視などは絶対してはいけないと思いました。それと同時に親の大切さも感じました。私がシカトされていた時に、温かい家庭があったから、悔しくても、しんどくても学校生活を過ごせたのだと思います。


二年生の頃、仲の良かった友達から無視され始めました。理由は分かりませんでした。その無視がだんだん広がり、クラス中、そして二カ月を過ぎた頃には、学年全部の人が私と話す人はいなくなっていました。

昨日まで話していて「がんばりや」と言ってくれていた友達も、次の日には口も聞いてくれませんでした。皆が怖がっていた不良グループに、廊下で囲まれたこともありました。上履きがないのは当たり前、教科書の落書きは当たり前、バレーボールの授業では、私のレシーブしたボールは誰も触れず、寂しく体育館の床をただ転がっていました。

一番ひどかったのは、朝教室に入ると、黒板に私の名前と「死ね」と書いてあり、自分の机や椅子がなく、窓から下を見ると、中庭に捨てられているのが分かりました。

それまでの二カ月の間、私は何度学校を休もうと思ったかわかりません。しかし休んだら負け、一日休んだら、次の日も、また次の日も休みたくなって、二度と行けなくなると思いました。泣きたいのを我慢して、「負けるものか」と思いながら、休まずに毎日通学しました。けれども孤独でした。自分の何が悪いのかと悩みました。とにかく辛いでした。

わたしは唯一の親友だと思っていた子がいました。彼女とは家族ぐるみの付き合いでした。その彼女がある日、不良グループのボスと廊下で話しているのを見ました。その時、「もしかしてこの子が?」と私は感じたので、その晩、両親と彼女の家に行きました。

彼女は丁度お風呂から上がったところで、頭にタオルを巻き、ソファに座っていました。そして私の両親を見て、「おっちゃん、おばちゃん、親が出て来るような大変なことじゃないで？　うちら（私達）で解決できる程度のことやし」という言い草に腹が立ち、悔しくて殴ってやりたいと思いました。

結局その後、全てが明らかになりました。不良グループのボスは彼女が好きで、その彼女が好きだった子は、私が好きだったらしく、その事を全く気にも留めていない私を、その彼女は気に入らなかったのです。それでそのボスを焚きつけて、私をそのような目に遭わせていたのでした。

妬《ねた》み

私は、中学の時にいじめに遭いました。学級委員や生徒会などで、色んな役職をしていて、それが気に食わない男子がいたようでした。

ある日、私がその子たちの横を通ると「うざい」など、私にしか聞こえないように言い始めました。ちょうどその頃に、仲良くしていた女の子のグループとも、私は反りが合わなくなっていました。

そのこともあって、それらの出来事は、自分がそこにいること全てが否定されたようなショックでした。友人や世の中の人全てが、私を不必要だと思っているように感じました。

自分を責めることしか出来ず、自己嫌悪に陥り、ご飯も食べられなくなりました。そしてその後、過食症になりました。まだ短い人生ですが、生きてきた中で一番辛い時期でした。

でもその期間に、私は自分を見つめ直しました。自分はいったい何か、他人との関わり等、哲学的なこともいっぱい考えました。

その結果、嫌がらせを受けたことは、私にもやはり非はあった。自分しか見えておらず、他人に対する思いやりも欠けていたのではないかと思いました。

いじめに遭った事は良い体験だったとは全く思いません。しかし、その辛い体験をしたからこそ、生きる事や思いやりに気付き、その事を考える事が出来たと思います。


中学の時は、友達とはグループを意味していました。全てグループで行動をしていました。トイレ、お弁当、登下校など。私は皆と違う小学校だったので早く皆に慣れたくて、グループ行動も嫌々していました。

私のグループは七人でした。その中で、何でも仕切るAちゃんがいました。彼女の言う事は絶対で、嫌われないように、皆必死でした。彼女に少しでも嫌われれば、悪口を言ってその子を外すので、この子の後は自分かと、皆ビクビクしていました。

今考えれば、なぜその子の言う事を聞いていたのか解りません。私の一番ありのままの自分で居られる場所は、家でした。学校に行けば、すごく嫌なグループ行動。その私の嫌な気持ちを誰かが察したのか、いつの日かいじられる立場になっていました。毎日皆にいじられ、どんどんエスカレートしました。私の机にお茶をわざとこぼされて、びちょびちょにされたり、制服のリボンを取られてゴミ箱に捨てられたり、顔や体の事を言われたり等々。

周りから見たら絶対いじめだと思うくらいひどかったと思います。クラスの子に「大丈夫？」と何度も言われた事がありました。

卒業後何年か経って私をいじめていた子に会った時、「本気でいじめてないよ。あなたが可愛いから」と言われました。わたしからすれば、今でもすごく嫌な過去です。そういう事があったので、絶対にその子と同じ高校に行きたくないと思い、必死で勉強しました。

人を傷付ける側は、もしかしたらそんなつもりで言っていないかも知れないけれど、傷付けられた側は、ずっとその事を覚えていて、傷は癒えないと思います。

いじめられた事について話すのは、私にとってまだ相当に辛いです。私をいじめた首謀者は、保育園からずっと一緒だった同級生でした。私達の小学校は全学年五十人足らずで、わたしの学年は、男子六人、女子四人で、私は、保育園時代から共に過ごしてきた仲間だと思っていました。けれどもそう思っていたのは私だけだったと、中学生になって思い知らされました。

一年の春、新しくできた友達に自己紹介（自分のプロフィール）を書いてもらう紙を配りました（当時、そういうのがとても流行っていました）。その紙は、小学校から一緒だった子たちにも配りました。

書いてもらったプロフィールが私の手元に戻って来た時、いじめの首謀者となるA子ちゃんの、私へのメッセージに、一瞬ドキリとしました。

「○○○○になりたい」○の中には私の名前があり、その一言だけのメッセージに戸惑ったのですが、何かの冗談だと思い直しました。当時の私には「嫉妬」という言葉が思い付きませんでした。他人に嫉妬した事がなかったので、誰かになりたいとか思う気持ちが判らなかったのです。

他人は他人、自分は自分。私はそうやって育てられましたから。でもその子は違ったようでした。

小学校の時も彼女には散々意地悪をされました。しかしその時は、彼女の言いなりになる人が二人しかいなかったので、いじめという大規模なものにはならなかったのです。それにもう中学生になったのだから、意地悪されることもないだろうと、私はA子ちゃんを信じていました。

彼女が私にした事は、本当に陰湿で、女の恐ろしさを示すものでした。まず始まったのは、クラブでのいじめでした。私は小学校のとき、A子ちゃんに脅されて、なぎなたを習い始めました。それで中学校でもなぎなた部に入りましたが、一年の終わり頃から、クラブ内で私だけ避けられるようになりました。

最初は気のせいだと思っていましたが、中二の初めに、それは決定的なものとなりました。入部してきた後輩が私の悪口を、堂々と部屋の中で言っているのを聴いてショックでしたが、それを言わせているのが、A子ちゃんとB子ちゃんとC子ちゃんだと、後輩の口から聞いた時は目眩《めまい》がしました。

B子ちゃんは小学校から仲の良かった子ですが、中学校で知り合ったC子ちゃんと付き合いだしてからは、私には冷たくなってきていました。そんな事もあって、クラブ内で、私は完全に孤立していきました。誰も私と口を利いてくれませんでした。クラブ内のいじめも、A子ちゃんが直接私をいじめた訳ではなく、後輩を使った間接的なものでした。自分は悪者にならず、嫌いな者を切り捨てていく、一番厄介ないじめのパターンを私は味わうことになりました。

中一の終わりに最愛の祖母を亡くして意気消沈している私に追い打ちをかけるように、クラブ内だけのいじめが、クラス内にも移ってきました。A子ちゃんのグループの影響はあっという間に全クラスに広がりました。誰もが彼女の敵にまわりたくなかったのでしょう。誰も私と喋る人はいませんでした。

一番ひどかった時期が中二でした。私の元彼に味方しA子ちゃんについた男子、私を好きだった男子達は、教室でポツンと一人座っていた私に「キモイ顔」とか「ウザイ、キモイ」とか散々悪態を吐きました。

中二で行った修学旅行も最低でした。A子ちゃんのグループになってしまい、彼女だけではなく、C子ちゃんとも一緒になってしまいました。相変わらず彼女A子ちゃんはニコニコ笑っていて、C子ちゃんは私を睨みつけていました。

彼女たちは私一人を残してお風呂に行きました。風呂場は私の部屋のすぐ隣にあり、その風呂場から、彼女たちが私の悪口をいう大きな声が響いていました。開け放たれた風呂場の窓から、A子ちゃんの私を罵《ののし》ることばの数々が私の耳元へ届いていました。

私はあの時の胸の痛みを忘れる事ができません。

男子は私を見つけると「キモイ顔」と大声で言って来るし、女子はトイレまで追い掛けて来て、私の悪口を言いに来ていました。自転車置き場では、A子ちゃんを取り囲んだ先輩たちが私の悪口を言ってきました。このような事が続いて私は心労が重なり、体調を崩すようになりました。熱もしょっちゅう出るようになって、学校も頻繁に行けなくなりました。

中学生にとって、自分の生きる場所は、学校が大部分を占めます。その中で孤立させられてしまったら、どう生きていけばいいのでしょう。大勢の中の一人ほど、子供にとって恐ろしい事はありません。

人間関係

学年全体の男子が、一人をいじめる、といういじめがありました。それは、大変ひどいものでした。放課後になると、いじめられている人の机の上に花瓶や雑巾を置いたり、机ごと焼却炉に持って行ったりしていたので、それを友達と一緒に、元通りにしていました。

その事が気に食わなかったのか、一部の男子にきつく当たられていました。悪口を眼の前で言われたり、見下すように笑われたり。でも、そういうことを言ったりしたりする人は、低いレベルの人間だと思っていたので、何を言われても、何も感じていないかのように、笑顔で過ごしていました。そうしたら、いつの間にか、されなくなりました。

二年生の時に、いじめられていました。友達とケンカをして、それからいじめになりました。

いじめられていた時、私と友達になってくれたグループと、いじめられていても前と変わらず友達付き合いをしてくれるAちゃんがいました。彼女は一年から友達だから、いじめの事や、それについての悩みなど全てを話していました。

しかしある時、その彼女がいじめの中心人物、リーダーだという事が判りました。私が彼女に話していたいじめに関しての事は、全ていじめのグループに筒抜けだった事を知りました。

私には優しく接していながら、彼女が他の子に命令して、いじめをさせていた事を知り、ものすごくショックでした。人間の裏を知りました。


いじめといっても、殴る蹴るでもなく、言葉の暴力というわけでもなく、私の場合は、一人にされてしまうというものでした。

当時中学一年で、内部進学だった上に三クラスしかないために、皆顔見知りばかりでした。そんな中で、クラスで一人、誰も友達がいない子がいました。私はなぜかその子を放っておく事が出来ず、その子とよく話すようになりました。

しかし日が過ぎるごとに周りにいた友人が一人、また一人と減っている事に気付きました。そして遂にその子と二人っきりになってしまいました。その子と二人でいることは苦ではなかったのですが、その後、何ヵ月か過ぎた頃、私の傍には、彼女の姿さえありませんでした。彼女は新しい友人を作り、私を一人にしたのでした。

私はそれ以来、人を容易に信じるという事はなくなりました。というより、信じる事が出来なくなり、一線を画すようになりました。


中学の時、いじめに遭っていました。新しいクラスで新しい友人が出来ました。彼女は小学校での評判はあまり良くなかったのですが、中学では違うと思って付き合っていました。

しかし彼女は、私の小学校からの友人とは全く話す事はなく、ただ私の後ろに付いて来るだけでした。私は彼女と話す事も多かったのですが、他の子とも多く話していて、一年生は特に大きな事もなく、生活出来ました。

しかし二年生になると、クラスの中にひとりボス的な女の子がいて、その子が私の友人を嫌いになり、ついでに私もクラスの仲間から外されました。彼女がいるから私まで？と考え、すごく不安でした。友人は、何も話さないまま、私の後ろをただ付いて来るだけの存在となっていて、私はだんだんイライラが積もって来ました。

いじめは連鎖を引き起こしていると気付いても、私には止める事も出来ず、リストカットも何度か経験しました。

でも私は昔からの親友に助け出されました。「何かしたいという事は、まだ生きたいということだよ」の一言で、私は前向きに人生を生きられるようになりました。友人の言葉で助けられ、今の私があると思っています。

私がいじめをうけたのは、中学に入った時でした。小学校からバレーボールをしていたので、中学に入っても続けたいと思い入部しました。

多くの部員がいたのですが、三年と二年の先輩がものすごく仲が悪く、三年が二年をいじめることは、しょっちゅうでした。けれども三年生は一年生にはとても優しくしてくれました。二年生は、三年生が一年生に優しくするのが妬《ねた》ましいのか、私達一年生を一人ずついじめていきました。

中でも集中的にいじめられたのが、一年生の五人でした。その内の一人は、その子のお姉さんが二年生をいじめていたという理由で、特にひどくいじめられました。そして五人中三人は登校拒否するくらいになりました。残りの二人は、私と私の親友でした。

私達は二年生にボールをぶつけられ、悪口を言われ、集団での呼び出しなど色々されました。バレー部のしきたりとして、先輩に挨拶をする時は、姿が見えた時点で三回連続で「おはようございます」と、どれだけ離れていても、言い続けなければいけません。私は何度も無視され、無視したくせに、挨拶をしなかったと言われて呼び出されました。休憩時間に冷水機に並んで水を飲む時でも飲ませてもらえなくて、倒れた友達もいました。

先輩からは二年間いじめ続けられていましたし、また同級生ともあまりうまくいかず、いじめ続けられました。

今思えばボールをぶつけられる事はあっても、手で殴られたことはなかったのに、言葉の暴力でかなりのストレスを感じていました。存在無視や、陰でコソコソ言われたり、呼び出されたり。本当に辛い三年間でした。

でも私が続けられたのは、母のお陰でした。母は「ここで辞めたら、この先何も続けられへん。それに、その子らに負けたようなもんや。せやから絶対に続けてみ」といつも言っていました。だから私は我慢して続けました。それが良かったと思っています。これからも、どんな事があっても、立ち向かって行けると思います。

いたずら

三年生の時の給食の時間に、私は配られる人の列に普通に並んで自分の御飯等をとり、席に着いたのですが、何気なく、配っている人達を見ていると、味噌汁を配っている男子二人がニヤニヤして私の方を見ているのに気付きました。

全員が配り終えて「いただきます」の号令がかかった後も、ずっと私の方を二人で見ながらニヤニヤしているので、何か嫌な予感がして、彼らが配った味噌汁には手を付けませんでした。

後から味噌汁の中を見てみると、髪の毛のような物が入っていました。でもそれは髪の毛ではなく、明らかに陰毛だったのです。彼らはそれを入れた味噌汁を誰が取ってどうなるのかを、楽しんでいたのです。たまたまその味噌汁を私が取ってしまったという訳ですが、そのような事をする子は最低だと思い、ひとまとめに、男子は最低だと思いました。その時以来、私は男の子が苦手です。

特に理由なく

ある特定の誰かひとりを皆で無視する。これを私達の間では「シカト」と言い、新しいクラスになると必ず起こっていました。あるグループのひとりが他の子の悪口を言い始め、その悪口を言っている子は、味方を作ろうとして他の子たちに言いふらしたり、シカトしようなどと言います。そしてそれが周りに伝わって、結局はクラス全員が一人の子をシカトするようなことがしょっちゅうありました。けれども標的は一時的なもので、次の日にはその標的が変わっていることもありました。

一年生の夏頃、ある日突然、無視が始まりました。私はなぜ自分がそんな目に遭わなければならないのか理解できず、通学や部活が苦痛でした。

親には相談など出来ず、また相談しても解決できるとは思わなかったし、心配もさせたくなかったからです。学校を休むことも出来たけれど、休んだら負けた気になるので、休まずに通学していました。毎日笑顔で「行ってきまぁ〜す」と家を出て、登校中にその日をどのようにすれば皆からの無視が無くなるのかを考えました。

私の中では「悪い事は長く続かない」という結論が出ました。この私の性格だったから、良かったのだと思います。とりあえず、皆が飽きるまで耐えることにしました。

皆も心底私が嫌いで無視しているのではない事を信じて、何もせず、ただ耐えました。いじめが始まって二カ月位経った頃、皆の態度が変わってきました。それからは日に日に皆との距離が近くなっていきました。なぜいじめられたか、未だに分かりませんが、もう終わったことだし、気にしない！　こんな性格だからいじめに負けなかったのかも知れませんが、自殺をして解決しようなんてもったいない！　もっと命を大切にしてほしい！

二年生の時にいじめに遭いました。最初は自分がいじめに遭った事が信じられず、ただ茫然《ぼうぜん》とするだけでした。

そのいじめはクラスのリーダー的な女子が、主犯者でした。クラス全員がその子の目を恐れて一斉に私を無視し始めました。

体育のバスケットボールのパス練習の時、誰ともペアを組めず、皆が練習している姿をただ見ているしかない時、英語のペアワークをする時、女子全員からはぶられて、男子としなければならない時などは、とても虚《むな》しい時間でした。

でも私は絶対に学校を休みませんでした。一日でも休んだら、もう学校に行きたくなくなるような気がしたからです。また主犯者の思う壺なのではないか、とも思っていました。私はなけなしの小さな意地を張って一生懸命学校へ行っていました。

三年生になると、主犯者の子とクラスが離れ、私に対するいじめはなくなりました。二年生の体験は、今でも私の心の奥底に深く深く残り続けています。しかし、いじめを体験したことによって、弱者の気持ちを理解出来るようになりました。今考えると、良い経験をさせてもらったと思いますが、いじめは、相手の人生を大きく狂わせます。人として絶対にするべきではありません。

中学校の時に、好きだった男の子から「きもい」とか「ストーカー」と言われるようになりました。また、たまたま目が合っただけなのに「見るな、ブス！」といわれました。初めは二、三人だったのですが、だんだん増えていきました。

彼らは始めは口だけだったのですが、最終的に私の机の中の教科書などを傘立てのバケツの中に捨てたり、ロッカーの中に入っていたスケッチブックを隠したりするようになりました。

先生に言っても、「先生は犯人探しはしない」と言い、皆の前で「誰がやったのか？」と聞くだけでした。誰の味方もないまま、辛かったけれど、私は親に迷惑をかけたくなかったので、毎日学校へ行きました。

この事と同時に、小学校から仲の悪かった男子に、父親の悪口を書かれた紙を一階から三階までの階段掲示板に張られました。すごくショックで、大泣きしてしまいました。それでもやはり先生は「犯人探しはしない」の一点張りでした。その後、先生から「○○がやったと言って来た」という一言がありましたが、私はその時から、人を信じても良い事はないと思うようになりました。でも、こんな奴らに負けるもんかと思うようにもなり、強くなりました。

一年生の時、少し不良気味の男子グループから、いじめられていました。廊下等ですれ違う度に、私にしか聞こえないくらいの声で「きっしょ～」と言われる日々が続きました。また同じ頃、自宅の玄関前に、厭らしいマンガ本等も何度か置かれたりしていました。誰だかは判りませんが、彼らの仕業だったと思っています。

ある日、いつものようにその男子から「きっしょ～」と言われたので、私は勇気を出して、彼には何も言わず、思いっきり睨みつけました。よっぽど眼が訴えていたのか、それ以来、彼からのいじめはなくなりました。

中学校で、私は部活に専念していたのですが、ある日突然、先輩から無視され、陰口をいわれるようになりました。このような先輩からのいじめは、ターゲットが頻繁に変わり、私だけが嫌な思いをしたのではありません。

しかし先輩の一人がいじめを始めると、残りの先輩も皆態度が変わります。その上、同級生の仲間でさえも、「一緒にいたら、私まで嫌われる！」と思い、同級生同士でも溝ができ、部活に行く事が大変苦痛になりました。

実際、私自身も、他の子がターゲットとされている時には、何となく距離を置いていたと思います。中学生の頃にいじめに遭って、私は変わりました。人と接する時に、すごく他人の顔色を窺《うかが》うようになりました。また、基本的に、自分に自信を持つことも出来なくなったと思います。

一番大きいのは、人間関係において、誰とでも仲良くなろうという意欲が無くなったことです。本当に気の合う人、信頼できる友人が自分にはすでにいるから、他の人とは、あまり深く係わるのはやめておこうと思って、どこかで一線を引いた付き合いをするようになりました。浅い関係でいれば、揉め事もおこらないし、裏切られる事もないから……と考えるようになりました。


一年の時、私はクラブの中で、ひとりの女子生徒に嫌われていました。何かと私が近付けば離れて行くし、遠くからいつも荒《すさ》んだ眼で見られていました。

クラブは水泳部に入っていました。自分で言うのもおかしなことですが、同学年では、一番早く泳げていました。先輩からも他の子と比べれば、とてもよくされていました。けれどもクラブは私にとって、居心地の悪いところでした。

私を嫌っている子は、私が話した事もない子で、勿論その子に何も悪い事や気を悪くさせるような事をした覚えもありませんでした。けれどその子は、どうしても仲間に入れてくれなかったのです。

けれど大好きな水泳を止めたくはなく、自分のため、そしてその子に認めてもらおうと思うようになって、「はみご」（仲間外れ）にされながらも頑張ってクラブに行っていました。

翌年その子と同じクラスになりました。そして、一年に結果を出せた事もあり、その子も認めてくれたのか、話してくれるようになり、クラブの仲間にも入れました。その子は、他人と少し変わっていたり、違っていたりするので、他人によってはうっとうしいとか、嫌いなどと感じてしまうのだと、思いました。

一年の時、何故だかわからないが、クラスで嫌われている女の子がいた。ただ居ただけなのに、突然一人の男の子が彼女の鞄を蹴飛ばし、「ブス、近寄んなよ！」と暴言を吐き捨てた。私はその男子生徒の行為が許せなかったので、いじめの対象となっていた彼女と普通に話をした。

するといじめの対象が、私へと移行した。彼女をいじめていた男子生徒は、今度は私の鞄を蹴り、「ブス、デブ、きもいねん！」と言って来た。腹が立ったので、「人の鞄、蹴んなよ、バカヤロウ！　人のことブスって言うけど、お前はどうやねん。自分の顔、鏡で見たことあるのか？」と言い返してやった。

仲良くしていた友達からは無視されたり、仲間外れにされたり、下駄箱に「地獄に堕ちろ。死ね」等の手紙が入っていたりした。学校へ行くのが苦痛でたまらなかった日も多々あった。けれどもくだらない人間の為に登校拒否になったり、自分の人生を棒に振りたくなかったので、ひたすら自分を強く持ち、いじめに負けることなく登校し続けた（だが、内心は孤独で、ひとりで過ごすのは寂しかった）。

表向きは普通にしていたが、やはり精神的には参っていたのだろう。三年の時、ストレスによる突然の腹痛で倒れ、救急車で運ばれ、そのまま一週間入院した。

様々な精密検査を受けたが、病的な結果は何一つ出なかった。母が心配して、知り合いの国立医大の教授に相談したところ、「ストレスによるものだろう」と言われたそうだ。入院中は体も心も安らかで、とても幸せだった。

退院から数週間後、事件は起こった。私を嫌っていた生徒（その親は教師）により、私は眼を突かれた。私の瞳は霞み、はっきりと物を見ることが出来なかったの

で、すぐに病院へ行った。診察結果は、角膜損傷。下手すると失明するかも知れないと医師に告げられ、生きたまま地獄を味わっている気分だった。

学校側は教育委員会と結託し、事件を内々に処理した。幸いにも失明は免れたが、視力が元に戻る事はなかった。私は事件を内々にした教師たちや教育委員会の人間が許せない。いつか必ず、奴らに復讐してやると、心に決めている。

家族や知り合いのいじめ

弟が中学入学後にいじめに遭いました。いわゆる不良グループに眼を付けられてしまい、殴る蹴る、恐喝が続きました。一年ですでに百七十センチだった弟ですが、体形に似合わずケンカが弱く、動きも少しゆっくりだったので、彼らにとって格好の餌食でした。

まず弟の変化に気付いたのは母でした。問いかけても「何も無い」と言うばかりでした。そのうちにあざが見つかり、明るみに出ました。そのグループは上級生が殆どで、弟の友達も狙われたこともあったそうです。

話し合いが持たれても、相手の親は、他人事のようだったと両親は嘆いていました。先生も、あまり真剣だったとは思えなかったそうです。

当時私は浪人中で、実家にいました。親身になって下さった方から「お姉ちゃんがいて良かった」と言われた時は、運命かなと感じました。弟は、親より私に話しましたし、「今度やられたら、助けてくれるか」と私に聞いてきた時は、胸が締め付けられる思いでした。この事を考えると、浪人して悪い事ばっかりではなかったと、不思議な感じでした。

従兄のお兄さんは中学時代にいじめを受けていたと、年明けに初めて聞きました。内容を聞くと、とても残酷な事でした。従兄はいじめられても学校を休むことなく、いじめに立ち向かっていたそうです。

しかしいじめに耐えられなくなったので、初めて学校を休み、授業の時間中ずっと電車に乗っていたそうです。それで先生から自宅に電話があり、その時両親は初めていじめられている事を知ったそうです。

従兄はストレスで、胃腸を痛めるほどだったそうですが、両親や先生に言えばもっといじめられる（実際、従兄の友達は、先生に相談したことで、暴力沙汰になったそうです）と思っていて、そのサイクルから抜け出せずにいたそうです。

その友達の暴力沙汰も含めて明るみに出て、いじめのリーダー格だった男の子は転校し、いじめはなくなったそうです。

けれども学校はというと、従兄やいじめられていた子たちに対して、「警察には言わないでほしい」と言ってきたそうです。

そしてその従兄は、中学校の教師になりました。きっと素晴らしい先生になれると私は確信しています。

先生の対応

私の弟は、クラブの中で数人の生徒にいじめられていたことがありました。弟が私達家族にその事を言ったので、次の日に母親が学校へ行きました。そして担任の先生に合って、無視されたり物を隠されたりしている事を言ったそうです。

先生は「なんとかする」と言われたらしいのですが、何の変化もなく、結局何もしてくれていないようでした。その後、母が何度か学校で訴えたので、やっと両者に話を聞いてくれました。

けれど、いじめている生徒は「ふざけているだけ」というばかりだし、先生も「いじめはないみたいです」と言うだけで、何の解決にもなりませんでした。

わたしたち家族は、先生のあまりにも誠意のない行動に呆れてしまい、失望しました。結局、母がいじめていた生徒に色々話をして、弟はいじめられなくなりました。

いじめる生徒がひどいことをしているのが明らかなのに、学校側のこのような行動は、ある種、いじめに加わっているようだと感じました。そして被害者にとって、たいへん傷付く対応だと思いました。

いじめたこと

友人関係

二年生の時、ある女の子のことがすごく嫌いで、仲の良かった子達に「あの子と一緒に居るの、止めよう」と言ったことを覚えています。その子は最初のうちは気付いていなかったようだけれど、だんだん気付き始めました。私達の方もエスカレートしていき、夏のキャンプの時には、その子が一生懸命私達に付いて来ているのに、走って逃げたりしていました。

今思うと、本当に残酷な事をしていたと思います。本当だったら楽しいはずなのに、その子は嫌な思い出になっていると思います。今でもその子が必死で追いかけて来る表情が、心に焼き付いています。

入学したばかりの頃、同じ小学校から通う女の子はAさんひとりだったので、私は早く友達を作りたくて必死になっていました。けれどもそのうちに、何となく避けられている事に気付きました。全く訳が分からず不安だったので、他の小学校から来た子に、なぜ避けるのか尋ねました。するとその子は「Aちゃんが、あなたは性格が悪くて嘘つきで、嫌みばかり言って来るから、あまり話さない方が良いよ」と言っていたと教えてくれました。

今思えば、彼女も友達を作るのに必死だったのだと思いますが、その頃は腹立たしい思いが抑えられず、私はその子を避けるようになりました。そんな私に皆は少しずつではありましたが、話し掛けてくれるようになりました。皆は口々に「Aちゃんが言っていたことと、あなたの性格は違っていることに気付いたよ。長い間避けていてごめんね」と言ってくれました。私はこれで皆と楽しい学校生活が送れると思う一方で、Aちゃんに次は何をされるか分からないので、近付かないでおこうと考えていました。

しかしそう考えていたのは私だけでなく、私と同じ目に遭った他の女の子たちも何人かいたようでした。だから「Aちゃんを避けよう」ということになり、全員が彼女を避けるようになってしまいました。

私はその時に、皆と仲良くなれた事に浮かれていて、私だけがその子を避けていて、全員で避けている事に気付きませんでした。彼女は学校を休む回数が増えたため、私のせいかもしれないと不安になり、友達に聞いてみました。すると「皆で避けているからじゃない？」と言われ、その時に初めて全員で彼女を避けている事に気付きました。

しかしそれが分かったからと言って、私は次に何をされるか分からないという理由から、彼女を避けることを止めませんでした。それどころか更にエスカレートしていき、避けることから無視することに変わり、悪口まで言うようになりました。

今冷静に考えると、絶対にしてはいけないことだと思うのですが、皆で一緒にいると、彼女の話を中心に友達の絆が深まる気がしたのと、皆一緒だから大丈夫という思いがあったのだと思います。皆で一緒にいると、一人が言ったAちゃんの悪口でも、自分に対してAちゃんが言ったかのように思い込んで、腹立たしさが倍々になって行き、止められないものとなっていったのだと思います。

Aちゃんは、登校拒否状態になってしまいました。その頃の私は自分の事しか考えられず、自業自得やなと思う程度でした。彼女へのいじめがあまりにも普通になってしまっていて、自分がどれほど彼女に傷つけていたかということが、分かりませんでした。

その後、彼女が手首を切ったという話を先生から聞かされました。その瞬間、ものすごい恐怖とショック、自分に対する怒りでいっぱいになり、涙が溢れてきたのを覚えています。それ以来、いじめは二度としないと決めました。

中学の時に、友達をいじめました。その子は、登校拒否にもなりました。その子はすごい二重人格で、優しい面もあれば、とても憎らしく腹の立つ面もありました。しかもその面の使い分けがはっきりしていて、人気のある人やかっこいい人、可愛い人にはすごくいい子になっているのですが、肥っていたり、暗い人には嫌みを言う子でした。

私は少し肥っていたので、「デブ、デブ」と言われました。そのこともあって、私と友達は、その子に嫌がらせをし始めました。

私が言われたほどしていないつもりだったけれど、団結していじめたので、その子はだんだん元気がなくなり、ついに学校へ来なくなってしまいました。

最終的には、その子の親まで出てきて、学校で大きな騒動になり、問題となりました。結局はその子が学校へ来るようになり、高校も同じでしたが、その子の性格は治る事が無く、私とその子は、あまり仲良くならないまま、今に至っています。

私には小学校の時から仲の良い友達がいます。その子は明るくて積極的で何でもハキハキと言う人でした。私は全く逆の性格で、人前で意見を言ったり、人と話す事があまり上手ではありませんでした。

中学に入ってから、その子と同じ部活に入りましたが、しばらくしてその子の態度が変わり、いつも一緒に帰っていたけれど、他の友達と先に帰ったり、無視されたりしました。

三年生になって同じクラスになりました。うわべは友達だけれど、時々無視されたりする日々が続きました。それで何でこんなことをするのって尋ねたら、一緒にいても面白くないからと言われ、ショックでした。

私は自分がこんな性格だから仕方がないと思っていた一方で、自分より弱い人に同じようなことをした事があります。無視をしたり、自分がされて嫌だった事を、私は友達にしました。私は、自分よりウジウジしている人がいると、見ていてとても腹が立ったので、ついきついい事を言ってしまったり、私がされた事と同じような事をしてしまいました。

私がされて嫌だった、その痛みを知っているはずなのに、してしまった自分にとても腹が立ちます。


三年生の時に後輩をいじめたことがありました。理由は、後輩がわたしの友達に向かって「ブサイク」とか「デブ」とか「ムカツク」と言ったことに対して仕返しをしたことから、だんだんとエスカレートしていき、最終的にはいじめていました。

わたしたちは集団で後輩のところへ行き、何度も謝らせ、その子を廊下や教室などで合ったら、他人に聞こえるくらいの声で、その子に対してヤジったりしていました。

今考えると、とても最低なことをしたと思います。ただの仕返しのつもりがエスカレートしていじめになり、その子に対して申し訳なかったと思います。一度人をいじめ始めると、自分を止めることがとても難しく、自分たちがしている行為を正当化していました。いじめられた人は勿論、いじめた人も良い思いをしないし、虚《むな》しいことだと感じました。もう一生、人をいじめたりしません。

二年生の時に、一人の女の子に対して、意地悪をしていました。いじめるつもりはなかったのです。ただ友達同士で悪口を言ったり、気持ち悪がったりして、からかっていただけでした。いじめられる方も、気持ち悪い行動を取るから、目ざわりだから仕方がないと思っていました。

しかし自分が間違っていたと思います。私自身、小さい人間だったなと感じます。

世の中には多くの人がいて、色んな考えを持った人がいます。その人の個性を受け止め、どうして交わっていかなかったのかと、今は思います。

二年生の時、私は仲の良い四人と行動していたのですが、そのうちの一人の子の性格が嫌になりました。それで他の三人と話し、その子にグループを出てもらうことにしたのですが、当時の私達は幼すぎたので、少しの事が嫌に思えたら、全てが嫌になり、話す事もしなくなりました。

だからその人を無視することから始めました。お昼御飯を食べに行く時は、その子一人を教室に残したまま、三人で違う場所に行ったりしていました。そのうちに、その子も嫌われているんだと気付き、グループを出て行きました。その子本人に何も言わず、無視をすることで、自分たちは何もしていない、勝手に出て行っただけだと、正当化していたんだと思います。

今考えると、どこが嫌だったのか、何を変えるべきなのかを伝えるだけで、問題は解決出来たのにと思います。


中学の時、原因は私の彼氏だった。この時は最終的に三人をいじめることになってしまった。

二年生の時、私は今までで一番ぐれていて、女子校だったけれど、学年で一番強いグループの中で、かなり強い存在だった。中二だったが、高二の彼を好きになって毎朝その人を追っかけて、友達も応援してくれて付き合うことが出来た。

それなのに友達の一人がその子と勝手に遊んでしまい、それが私の耳に入って、いじめがスタート。

でもその子もすごい強い子だったから、逆に私達を呼び出して口げんか。そして仲直り。でもまたすぐ次があった。今度はその事（私以外の子と遊んだこと）を彼氏に注意しようとした当時の親友が、わたしの携帯からアドレスを盗み、説教するつもりが彼を好きになってしまい、付き合っていた。私は全く気付かなかった。

それを他の友達が私に言って来て発覚した。信じられなかった。それがバレて彼女も開き直ったのか、それまでとは変わってしまった。謝りもしなかったし、何も言ってくれなかったので、よけいに腹が立ち、ムカついてしょうがなかった。

だからその子に対するいじめが一番すごかった。無視、友達とも話せない環境を作って、扉の前とかにいたら、扉を思いっきり蹴る。他にも色んなことをした。結局その子は登校拒否になった。勿論その男ともさようなら。最後に「死ね」って言ってやって、本当にすっきりした。

でもまたここで、新たな友達の裏切りが発覚した。今度は他の友達がその男と遊んでいた。次から次へと、よくもこんな事になったと思う。その時点で、私はその男と別れていたし怒る権利はないけれど、そういう事が原因で、他の友達は徹底的にいじめていたのに、筋が通っていないと思った。いじめている点で筋は通っていないのかも知れないけれど、私は許せなかった。

その子は他の子をいじめるなんて、できないでしょと思って。そしてその子も本当に開き直っていた。前の親友だった子より、性質が悪かった。でも結局その子も登校拒否になってしまった。

二年が終わる時、親友だった子が学校を辞めるのを知った。芸能人になるのが夢で、その為と言っていたが、本当のところは判らない。

でも最後の本当にお別れの時になって、なぜか寂しくなって、このまま別れてしまうのは絶対イヤだと思った。だからその子のところへ行って謝った。その子と話したとたん、私、何してたんだろうと思った。そして色々あったけれど、この子のことが好きだったんだろうと思って、泣けてきた。二人とも泣いてしまって、でも心からごめんねって言えたし、何も言わないまま別れなくてよかったと今でも思っている。

高校時代

いじめられたこと

体形について

私は高校の時に、「整形した」とか「男にめっちゃ貢《みつ》がしてる」など根も葉もない噂を流されました。しかもそれは、中学の時に仲が良かった友達が発端だと判った時は、すごくショックでした。

理由は、その子がずっと好きだった子と、私が付き合ったからという事と、私が高校入学後に十五キロ痩せて、顔や眼の周り等が変化した事からでした。

その子は皆にチェーンメールを回して言いふらしました。勿論信じない子もいて私に言ってくれたのですが……。最終的にその噂は、私の彼氏の耳にも入りました。駅で合う地元の友達には冷めた顔をされたりで、とても辛い思いをしました。「何をしても、頑張っても無駄になるんだ」と思い込んで、うつ病になってしまったこともありました。

それから五年経った今でも言われる事もあり、人間不信になりそうです。容姿を含めて他人に関する事ばかり言い、さらに、それを自分の妄想で膨らまして言いふらす人、またそれを簡単に信じてしまう人がいかに多いかと思うと、とても悲しくなります。

無視

私は高校時代に、いじめにあいました。毎日毎日、クラス全員から無視されました。それだけではなく、物を隠されたり、教科書をホッチキスで止められて使えなくなったりしました。

毎日学校へ行くのが辛く、生きているのが本当に嫌でした。家族の支えもあって立ち直る事が出来ましたが、いじめの体験は、一生心の傷として消えるものではありません。いじめは、本当にあってはならない事だと思います。

一年の時はクラスの女の子五〜七人くらいの仲良しグループで、いつも一緒に行動をしていた。しかし二年生になってクラス替えで、私はそのメンバーの誰とも同じクラスにならなかった。けれども次第に友達も出来始め、気付けば十二人位のグループになっていた。人数が多すぎた事や性格的に合わなかった事もあり、私はそのグループに馴染めず、悩んでいた。

当時授業中に、小さな紙に手紙を書いて回すという事が流行っていた。しかしある日、その手紙が回っているのに、私だけ回ってこなかった。おかしいと思ったら、その日から私に対するいじめが始まった。

私が話し掛けているのに、違う人のところへ行ったり、返事があっても適当であったり、また私が何か話し掛けている時に、その子が誰かと眼が合うと、笑って合図したりしていた。食堂へ行く時も皆で先に行き、食べ終わると急いで走って帰り、私が教室へ戻ると、教室には誰もいなくて、何処かに隠れたりして、いつも私を皆で避けていた。

修学旅行でも、旅行中ずっと辛い思いをし、泣きそうだった。私がいる前で皆がジャンケンをし、負けた人が私の隣に座るという往きの電車から始まり、夜は私が寝るまで皆も寝た振りをし、私が寝てしまうと、皆で騒いでいた。私は途中で眼が覚めて、皆が私の悪口を言っているのが聞こえ、涙を堪《こら》えて寝たふりを続けた。

こんな辛い思いをする事は行く前から判っていたので、行くのが嫌でずっと母親にそう言っていたのに、母親はそれを知りつつ、無理やりに行かせた。私も辛かったが、それと同じ位母親も辛い思いをしていただろうと今では思う。

私は何度も自殺を考えたこともあったし、逆に相手を殺してやろうと思った事も多々あった。しかし悲しむ両親の姿を想像すると、そんなことを出来るはずはなかった。普段の私にはそんな勇気等どこにもなかったが、その時は相当追い詰められ、思いつめていたのだと思う。

私は無視とかではあまり傷付かなかったけれど、一度だけとても傷ついたことがあります。いまでも「いじめ」と聞いたらすぐに思い出す事です。

高一の一学期でした。私は早速無視され、一人でした。それが少し続いたけれど、いつものように無くなり、また彼女達が普通に話し掛けて来るようになりました。が、私は、めんどくさかったので、よく一人でいました。

そんなある日、私を無視していた一人が私に泣きついて来ました。ターゲットが彼女になったんでしょう。その子は「○○ちゃんらに無視された」と泣きながら、私に言ってきました。私はその子を保健室に連れて行き、自分は授業に行きました。

その時思った事は、「あの子は、頭がおかしい」と言う事でした。自分が今まで私や他の子にしてたことやんか。そしてその相手の私に何で泣きつくの？ どんな神経してるの？ 彼女が私にしてきたことに対しては、悪いなんて全然思ってなさそうな態度に、気が変だとしか思えませんでした。

結局のところ、いじめをする子は心が弱いのでしょう。一人が怖いのでしょう。いじめを苦に自殺をする人は、その前に、そんなくだらない人達のために、自分の命を無駄にしてはいけない、もったいないと考えてもらいたいです。

悪戯

私は高校に進学した時に、いじめに遭いました。それはクラスのリーダー格のグループがどんどんターゲットを変えていじめていく、一種のゲームのようなものでした。最初は出席番号一番の子がターゲットになりました。その子は何も悪くありませんでした。ただ出席番号が一番だったからという、ただそれだけの理由からでした。「一番、一番」と番号で呼ばれ、掃除の時間になれば、その子の机に上げた椅子は下ろさないなど、傍から見るとすごく小さな事なのです。正直、私も後になって聞かされるまで、気が付きませんでした。

でも彼女は夏休みが終わると、学校にはいませんでした。退学し、別の学校に移ったと聞きました。彼女と仲が良かった訳ではありませんが、ショックでした。

そして次のターゲットは私でした。私のクラスは四十人で、私は出席番号が四十番でした。でも彼女が辞めたことで、三十九人クラスで四十番の出席番号になったのです。

そのことに眼を付けたグループは、私に彼女にした事と同じ事をしました。「顔が気に入らない」等の理由だとかでした。

私は両親の優しさや友人がいた事もあり、何とか乗り越えましたが、辞めてしまった彼女はどうなったのかと胸が痛みます。学校を辞めるという事で人生が大きく変化し、深い傷を負った事は確かです。

いじめた方は今、すんなりと有名大学へ合格し、キャンパスライフを送っています。「そんなつもりはなかった」では許されない罪を犯したという意識は、彼女達にはないと思います。世の中の不平等を痛感します。

悪口

高校生の時、同じクラスの男子から悪口を言われていました。その人達はいつも数人でかたまっていて、私への悪口もグループで言っていました。彼らは面と向かって言ったりはせず、また陰で言う訳でもなく、けれども私の事を言っている事が判るように、教室で言っていました。

その頃は本当に辛くて、毎日学校へ行くのがとても苦痛でした。学校へ行きたくないが故に、仮病を使って親に嘘をついたりしていました。そうするのはとても嫌な事で、後ろめたい事でしたが、学校での苦痛を避ける方をいつも選んでいました。

ターゲットはいつも私だったという訳ではなく、ローテーションのように何人もの女子がターゲットにされていました。だから自分の事を言っているのか、他の子の事を言っているのかいつも考えたり、自分の事ではないと判ると安心したりしていました。

でもそんな事を考えている自分もひどいし、自分の身さえ守れたら……と考えていた事が、今思うと、自分も最低だと思います。

仲間外れ

私は、無視や仲間外れによく会いました。例えば、修学旅行のグループ分けなどで私一人だけ余ってしまい、どこかのグループに入れてもらうなどのケースが良くありました。私の何がいけないのか今までずっと考えてきましたが、私自身、そんな気がなくとも、わたしの態度が相手に不愉快な気分にさせていたようです。

例えば私に挨拶をすれば、私がその挨拶をした人達のことを勝手に友達扱いをする、と十人中十人がそう言うのです。私はそのような態度を取った覚えはありませんし、何よりクラスメイトにそう思われていた事が、ただ

ただ悲しいでした。また私は何でもない事でもよく笑いますが、これも皆の気に障ったらしく、私が傍にいることを拒まれました。

高校時代は、どこかのグループに入れてもらおうと必死でした。ようやくお弁当の時だけ一緒にたべさせてもらえるグループがあったのですが、私の「笑う」行為がその人達にはおかしく見えたそうで、「話が判る筈もないのに私が笑っている」ことが気に障ったようでした。私は一緒に話を聞いていて、可笑しいと思ったからこそ私も一緒に笑っただけなのに。

結局私はクラスのどのグループにも馴染めず、締め出されました。その後一人でお弁当を食べられる場所を探し回り、校舎一階のエレベーター横の暗い場所で、他人に見つからないかとビクビクしながら食べていました。最終的に保健室の先生が、ドア付きの小さな部屋が保健室にあって、「ここで食べたらいいよ」と言って下さったので、そこで食べていました。それでもいつドアが開けられるかと思っていたので、怯えながら昼御飯を食べる習慣が無くなった訳ではありませんでした。けれどもとりあえずホッとしました。暫くしてそこで、「私達と一緒に食べよ」と言ってくれた人達がいて、その後卒業まで仲良く過ごしました。

私は高一の時に、仲間外れにされた事があります。スキー部に入っていて、夏合宿に行った時に、友達と喧嘩をしてしまい、合宿の間、仲直りが出来ませんでした。そのまま二学期に入り、ケンカした相手とは同じクラスだったので、とても気まずく不安でした。その不安通り、ケンカ相手は、他の友人に私の悪口を言いふらしました。その後三学期まで、私はずっとクラスで一人でした。学校に行くのが嫌で、よく欠席したり、遅刻をしていました。

欠席すると母親に怒られるので、学校に行くふりをして、家の二階などに隠れたりしていましたが、担任からの電話で全てがバレ、何も知らなかった母親は驚きました。

私は今、仲間外れにされた事を思い返してみると、私にも反省すべき点があると思います。喧嘩をした時、すぐに謝る事をしなかった。素直に謝っておけば、仲間外れにされる事はなかっただろうと思います。また自分から仲良くしようと努力しなかったし、どこかで、もうこのクラスでは友人はいないと勝手に決め付けて、諦めていた部分もありました。

周りに友人がいないのは、こんなにも苦しい事だと、この時に初めて経験しました。それまではいつも周りに友人はいたし、話したい時に話す事が出来ていたので、分かりませんでした。

またそれまでクラスの中で、一人でいる人を見てきましたが、その人の気持ちが判りました。知らず知らずのうちに、私はこういう友人のいない人を傷付けてきたのです。私は一人でいる人に、話し掛ける事をしなかったからです。この経験で、自分が成長出来たと思っています。

高校一年の時、仲間外れにされている子と仲良くなりました。私が仲良くしたいからという気持ちが大きかったのですが、可哀そうだから、という理由も少しあり、私から話し掛けました。その子は嬉しく思ってくれて、私達はとても仲良くなりました。しかし二年生になってクラスが離れると、その子は今まで仲間外れにされていたグループの子と仲良くなり、私は疎外感を持ち始めました。その子は悪気があった訳ではないと思うのですが、私は悩みました。少し嫌な言い方になるのですが、「仲間外れから救ってあげたのに、何で私がその子から同じような事をされないといけないの？」と思いました。

その時期に、また同じ仲間外れをされていた子と話すようになり、仲良くなりましたが、その子も全く同じことを私にしてきました。けれどもその事で、理由が判りました。本人たちには悪気はないのだろうけれど、自分が良ければそれで良いという考え方の持ち主なのだろうと思い、諦めました。

それから私は、友達を作る時は慎重になり、心を簡単に開く事が出来なくなりました。

誤解

一年生のとき、あるクラスメートに、誤解から反感を買い、あることないこと、そしてひどい事をクラスに広められました。それは、今思い出しても辛い日々でした。何とか誤解が解けたようで、時間も手伝って落ち着きました。

その事から私は、他人から聞く他人の噂が、いかに不明確であるかを知りました。だから「あの人、〇〇〇して最悪やし！」とか「あの人、〇〇な性格で、〇〇なひどい事されてん」と言われても、その事（悪口）を信じたりはしなくなりました。

いじめのような幼稚な事は、まともな人間ならすべきでないと、自覚しなければいけないと思います。

先生間で

高一の時、あるクラスで先生いじめがありました。その先生は理科の先生で、生徒に優しい良い先生でした。なのでわたしは「どうしていじめるのだろう」と思っていました。その後、先生が授業中に倒れ、そのまま入院されて、休職となりました。

けれども私が高二か高三の時に復帰されました。暫くは授業ではなく違う仕事をしておられ、先生として復帰されていなかったので、そんなにひどいいじめだったのかと、私はとても心配していました。

私が通っていた学校は、幼稚園から短大までが同じ敷地内にありました。そこにある本館と呼んでいる建物で、先生は一年弱程働いた後、教職に復帰されました。

中、高は授業が終わると、放課後に掃除当番が掃除をするのですが、朝、その先生が独りで靴箱付近を掃除しておられる姿を見た時は、びっくりしてしまいました。他の先生は誰もしておられないのに、その先生一人だけだったのですごく違和感がありました。

三学期の期末試験の時、廊下にその先生一人が座って、先に試験が終わり、静かに生徒が帰るかを見ておられました。その時まで、先生が中間や期末の時に、ずっと廊下で、生徒を監視する先生はおられませんでしたし、冬の寒い廊下に座っておられる先生の姿を見た時は辛いでした。

その後、卒業間近に、先生間でもいじめがあった事を知りました。まさか大人のなかでもいじめがあるとは思いませんでした。現場の教師間でいじめがあり、それを解決できない大人なら、生徒のいじめには、どうすることも出来ないだろうと、虚しさを感じました。

クラブ活動

高校の時、同じクラブに入っていて、家も近くである女の子に、よく当たられる辛い日々を送っていました。

その子はとにかく朝は機嫌が物凄く悪く、そしてとても気分屋でした。自分にも厳しい性格だけれど、弱い人間にはもっと厳しい、という本当に厄介な性格の人でした。

わたしの家から僅か三十秒という距離なので、自然と一緒に、三年間も通学する羽目になりました。朝、「おはよう！」って言っても、ムッとした表情で無視される事から一日が始まります。

私がやっていたチアリーディングは団体競技です。勿論息をピッタリと合わせられないとうまく行く筈がないのです……が、本当にその子と私は、三年間合いませんでした！　私に対してものすごくキツく言うし、他人によって態度を変えるから、泣き虫な私はよく泣いていました。
話せば長くなるのですが、今考えても、あの頃はよく悩んでいたなぁ〜、よく三年間も耐えたなぁ〜と自分でもビックリです。

二年の時、私はクラブの副キャプテンをしていた。キャプテンの性格は自己中心のわがままで、先生の前では良い子ぶるので、先生のお気に入りである。私はクラブの規則を守ろう派であったが、キャプテンはピアスをしたりとオシャレをしたかったらしく、その規則を廃止したがっていた。しかし先輩からの重圧や、彼女の「ええ格好しぃ」の性格から、皆で話し合い、それまでの規則通りということになった。それなのに彼女は、すべて副キャプテンの私がいるからオシャレが出来ないとやっかみをつけ、同じクラスであった為に、クラス中に言いふらした。

そのうちに陰口を言われるようになり、私はとても居辛くなった。他のクラブのメンバーは、彼女とライバルになりたくないので、私がされていることを、見ないふりをした。中には分かってくれる子もいたので、少しは救いとなったが。

陰口を言う子達は派手な子達で、彼女達の中でもかなりドロドロしていて、私は嫌だった。もうどうでもよかったし、クラブも辞めたかったけれど、副キャプテンだったのでそうすることも出来なかった。毎日が辛かった。クラブも行きたくなかったが、頑張って一日も休まず行った。

三年生になってクラス替えで、キャプテンとも離れて良かったが、彼女の行動はエスカレートし、学校で禁止されていたバイクやアルバイト、飲み会にも参加するようになったらしく、私は、彼女と連絡を取るのがすごく嫌で、気が重かった。

そんなときに、卒業アルバムのクラブ写真に、ハーフパンツで撮る事に決まった。こういうことは、普通キャプテンから副キャプテンに連絡するのが当然なのに、電話もかかってこなかった。けれども私は、どうしても彼女に電話をするのが嫌だった。

彼女がバイトに行っているという状況も受け入れる事が出来なかったので、彼女に電話してくれる人を探していたが、誰もいなかった。それで、彼女以外の全員に電話を掛け終わったが、彼女へはそのままにしておいた。

次の日彼女は、私に仲間外れにされたと彼女のクラスで泣き出し（彼女は以前から、しょうもないことで、クラスで泣いていた）、関係のない人全てを巻き込んで私を悪者にし、泥沼になった。

今でも私の印象は、その人たちにとって悪いらしいが、表面上は普通に接して来るのが、すごく恐ろしい。結果的に、私が仲間外れにしたことは、自分がした事として後ろめたさを感じていたが、今このように思った事を書ける機会を得て少し気持ちが楽になった。

いじめというものは、いじめている側は何も思っていなくても、いじめられている側が精神的、身体的に苦痛を感じていれば、それはいじめと考えて良いと思います。

私は小学校の時から、他人と仲良くなるのに時間がかかって、すぐに溶け込める方ではありませんでした。そんな私ですが、中学校受験をしました。二カ月位経って、私にもお弁当を食べたり、一緒に帰ったりする友達が出来ました。その子は自分の意思を強く持っていて、はきはきしていて、私とは正反対のタイプでした。同じクラスで同じ部活に入り、一緒に登下校し、同じ時間を過ごす事が多くなりました。

そしてそのまま高校に上がりましたが、部活も勉強もだんだん大変になって来ました。クラブはブラスバンド部に入っていたのですが、運動部のように厳しく、朝も放課後も、土日も毎日練習でした。だから私には勉強と部活を両立させる事は出来ないと思いました。

一人で悩んでいたら、過敏性腸炎になって、毎日お腹を壊すようになりました。心配した母は、クラブを辞めるように言いました。それで私は戸惑いましたが、仲良しのその子に部活を辞めると言いました。

二、三日後に、話し合う必要があるからということで、部室で学年メンバーと話し合う事になりました。しかしその子は、私の辞める理由は知っているから、その話し合いには行かないと言いました。

それで私一人がその話し合いに行くと、他の人から、私が部を辞める事で皆に迷惑を掛けるので、謝ってと言われました。そして数人の人から文句を言われて、謝罪させられました。

仲良しだったその子は、話し合いの中で、このような事があることを知っていたにも関わらず、私には内緒にしていました。そして、私が部活を辞めることを、私の口からメンバーに伝えさせるために、会議に出るように言った事を後で知りました。

次の日、気が重かったのですが頑張って学校に行くと、その子は何も無かったかのように話し掛けてきました。私は信じられなくて、話が出来ませんでした。

今になってこの事を考えると、その子の事を気にしながら一緒にいる必要はなかったと思うし、どうして自分は自分と思って割り切る事が出来なかったのかと思います。


私の友達に、いじめられていたというか、目の敵にされていたというか、集中的に文句を言われたり、クラブの顧問から厳しい練習を強いられていた子がいます。

その子はとても気の強い子というか、はっきりと自己主張をする子で、曲がった事が大嫌いな子でした。一番ひどかったのが高一の時の、クラブの夏合宿でした。彼女は、体罰なのか、心理的な暴力に遭いました。

運動部なので、勿論「走り込み」はありますが、グランド十周で終わるのに、他の練習が始まっても、ずっと走らされていました。しかも炎天下の中でも水を飲む事も許されませんでした。一周を走り終えるのが遅かったら、何処かで隠れて休んでいたと勝手に決め付けて、周回を増やされていました。挙句の果てに、彼女にソフトボールを打ち付けたり、投げつけたりしていました。周りにいた子は、その子のことが好きではなかったので、知らんぷりでした。

その二週間の合宿で、彼女は十キロ以上痩せて、胃潰瘍になりました。そしてそのクラブを辞めた彼女は、その事を先生に報告し、校長のところへ直々に報告に行きました。けれども、やはりお偉い方は、そういうような事はひた隠しにしたいみたいで、取り次ごうとはしないようでした。

それを知った彼女の両親はとても激怒しました。両親もそういう汚い事が嫌いなので、校長に抗議し、そこで漸く話し合いがもたれ、その顧問をクラブ指導不適任として辞めさせました。けれど、その顧問は、それでも学校に残っていました。

いじめたこと

いじめるつもりなく

人をいじめた経験はないと自覚していたのですが、ゼロではありませんでした。高校生の頃、仲良くなった六人のグループで行動していました。明るい子ばかりで、いつもワイワイしていて、クラスの他の子とも仲良く楽しい毎日を過ごしていました。

しかしある日、私達は、すごい形相の担任に呼び出されました。何の事か分からない私達に先生は、「心当たりないか?」と質問されました。皆「ありません」と言ったのですが、その次に先生は「人にあだ名を付けただろう」と言われました。すぐには理解出来なかったのですが、よく考えたら、二、三日前から学校に来なくなった子がいることに気付きました。

わたしたちはその子のことを、「ファービーちゃん」と呼んでいたのです。その呼び名に全く悪気はなく、「目が大きくて、まつ毛がバサバサ、人形みたい」という意味で呼んでいただけなのです。しかしその子にしてみれば、とても耐えがたく、バカにされているような「あだ名」だったのでしょう。私達は、後日彼女に謝りました。

何も意識せずに発した言葉が、人を傷付け、悩ませている場合もある事に気付きました。人の受け取り方や感情は、それぞれ異なります。他人に対する言葉には気を付けなければいけないことを学びました。

異性の事など

高校の時、私はいじめる側になっていた。クラスのボス的な女の子A子の好きな男の子が、A子が嫌っているB子に告白して、断られた事が始まりであった。

クラスの皆が見ている中でA子が、取り巻きの子たちと一緒にB子をなじり、暴言を吐《は》き、叩くのを私はなぜか冷静に見ていた。ある時はB子に牛乳をぶっかけるA子。B子に対するA子の暴言は執拗なもので、彼女と彼女の取り巻きは、B子の机に汚い言葉を書いたり、教科書を破って捨てたり、靴を隠したりなどのいじめを繰り返し、私達クラスメイトに暴言を吐かせたりもした。しかし誰一人、A子に逆らうことはしなかった。怖かったのだ。

私はいじめられた経験から「いじめは絶対にしない」と思っていたが、A子からの仕打ちが怖くていじめてしまった。

しかし後に、私もA子からいじめられる事になる。暴言を吐かれるのでもなく、教科書を捨てられるのでもなく、靴も無事であった。彼女から私へのいじめは、「無視」である。「無視」は、不思議ないじめである。暴言を吐かれたり、殴られたりしないので、心や体は傷付かないが、「存在」が無視され、違う形で心が傷つく。欠席者と同じようにプリントが回ってこなかったり、誰一人私の事を気に掛けてくれないし、声も掛けてもらえない。話し掛けても返事をしてもらえなかった。

不信感から

二年生の時の出来事です。理由は、ある子に裏切られたからです。

その子は修学旅行中に、わたしに言っている事と他の子に言っている事が、度々違っている事に気付きました。その事から、それまで四人で昼食を食べていたのですが、その子を仲間から遠ざけ、三人で食べるようになりました。その子に疑問を持つ子が多くて、自然にいじめという形になりました。

自分中心の考えから

高校の時に、少し変わった子がいました。性格は明るかったのですが、何をするにも自分が一番じゃないと嫌な子でした。それなのに自分では「私って下手やん?」って言うのが口癖でした。それで皆は、彼女から徐々に遠ざかってしまいました。

私達のクラス（女子三十人）は、三年間クラス替えなしだったので、最後には、皆、彼女に気を留めることもしませんでした。彼女は必死で皆の話しに入るように頑張っていましたが、空気は確実に彼女に伝わっていたと思います。私は、これは見えない集団いじめではないかと思います。

無視

高校の同級生の女の子の話です。私は彼女と仲が良かったという訳でもなかったのですが、いつもお弁当を食べるグループの一人でした。七、八人のグループだったのですが、そのなかの一人が彼女の事をすごく嫌っていたのを知っていたので、私も彼女の事をあまり良く思っていませんでした。

なぜなら彼女は、自分はいかにも賢いという事を、いつも何らかの言葉や態度で示していたし、自分の話はいつも皆に聞かせているのに、他人の話を聞こうともしない人でした。彼女のこういうところが皆の反感をかう原因だと思ったのですが、他の子も私も、そのことを注意してあげることは出来ませんでした。

修学旅行の班も一緒で、班行動をすることになった時、彼女が店で何かを買っている間に皆で隠れて、彼女をはぐれさせてしまいました。もう一人の子と私は「そんなことするの、止めようよ」と言ったけれど、結局は仲間外れにしてしまいました。班行動は夕方から夜にかけてだったのですが、彼女はずっと一人で行動していたみたいです。

せっかくの楽しい修学旅行になるはずだったのに、彼女にとっては嫌な思い出になってしまったと思うと、心が痛みます。

高二の二学期に入り、友人関係にも慣れてきた時に、問題が起こりました。クラス内の残酷ないじめでした。中学までそのような事を味わった経験のない私にとっては、信じられませんでした。

ある朝「〇〇（クラスメイトの名前）、はみってるし」と友達に言われ、クラスの一人を無視し、その子の物を隠したり、悪口を机に書いたりし始めました。私はその状況が理解出来ず、その子へのいじめの現場には居合わせないようにしていました。

ある朝、他学科の子が「〇〇、はみらしてるやろ？」と私に言ってきました。私達のいじめていた子が、他学科の子に話したようでした。クラスに戻ると、その空気で私が先頭切ってする羽目になりました。

その日から私は、他学科の子と廊下で取っ組み合いの喧嘩をするようになり、クラスでは悪口をいわれるようになりました。負けず嫌いなのでいつも堂々としていましたが、とても辛いでした。そして制服が可愛いこの有名私立高校に入学したものの、こんな学校はもう嫌だと思うようになり、学校をさぼってしまう日もありました。

そんなある日、担任に呼ばれ、揉め事について聞かれました。そして先生は「あなたは悪くないけど、悪くなくても謝りなさい。そしたら仲直り出来るから」と私に言われました。私は本当に悔しいでした。

そしてその日、親に学校を辞めたいと言いました。当然両親は許すはずはなく、それから何日も話し合いをしましたが、絶対に学校へは行きませんでした。そして学校の事情を聞いた親は、辞める代わりに他の学校へ行くように言い、私もその道を選びました。

一年遅れで新しい高校へ入学した私は、他人からの目というコンプレックスを味わいました。周りの同い年の友達が修学旅行に行く様子や、楽しい高校生活を送って、先に卒業していく姿を見るのは、何だか取り残されたようで辛いでした。しかしいまの年齢になって、この経験から人に対しての思いやりと我慢する根性、そして強さを学んだと思っています。

ストレスのために

高校生の時、私の家にはオーストラリアからの留学生が、ホームステイしていました。最初は文化の違いやお互いの言語を教え合ったりしてとても楽しかったのですが、数カ月経つ頃には、彼女の存在がストレスになって来たのです。家に帰って来ても彼女に気を使ったりで、自分の気持ちの休まる時がなく、私は彼女に対して思いやる気持ちがだんだん持てなくなり、意地悪になっていきました。

優しい彼女は、そんな私の態度を察したのか、私の機嫌を窺うようになりました。

私はそんな彼女に、さらに冷たい態度で接するようになってしまいました。

ある晩、彼女は家から送られてきた自分の誕生パーティーの写真を見て、私達家族の前で泣き出してしまいました。その彼女の姿を見て、今までの自分の態度を反省しました。

彼女が来てから、わたしは自分の生活にストレスを感じていました。しかし彼女は、私以上にストレスを感じていたのだと思ったからです。オーストラリアと文化の違う日本で生活をし、うまく私達に彼女の気持ちを伝えることも出来ず、また家族とも遠く離れている日本で彼女は、もっとストレスを感じているに違いないと思ったのです。それなのに、私の彼女に対する冷たい態度は、私以上に辛かったのだと思うと、本当に申し訳なく思いました。

その日から彼女とは、根気良く、お互いに解るまで話をするように努力をしました。

家も近く、学校もずっと一緒だったAちゃんという子がいました。高校では部活まで同じで、その為に朝から晩までその子と一緒に居ざるを得ませんでした。一緒に居過ぎることで、彼女の嫌なところばかり目についてしまい、ストレスが溜っていきました。そのストレスの発散場所になったのが、私の話を聞いてくれる他の友達でした。私の不満を聞いた友達は、皆その子のことを嫌いになってしまいました。そして皆その子のことを避けるようになりました。その様子を見て、当時の私は、嬉しく思っていました。

クラスではその子以外の子達と仲良くして、部活ではその子Aちゃんと仲良くしていました。部活の時にその子から「クラスで居る時間が嫌だ」などと話を聞いて、相談に乗っているような振りをしていましたが、本当は何とも思っていませんでした。そしてずっと、クラスでそのAちゃんを仲間外れにしていました。

今思うと、本当に最低な事をしていたと思います。なぜあの時、自分のしている事が最低な事と感じなかったのか……。悲しく思います。

大学時代

外国で

私は海外研修で、アメリカへいきました。その期間のある日、友人と雑貨店で腕時計を見ていました。手に取って触っていた時、店員から「日本人は触らないで」と言われました。何か言わなければと思いつつ何も言えなくて、言われた事に対して、言い返せなかったことが悔しいでした。

また韓国へ旅行に行った時のことです。地下鉄の乗り方が判らなかったのですが、とても親切に教えて下さった方がおられました。日本と韓国では、様々な問題を抱えているけれど、旅先での親切な方との出会いに、私はとても感動しました。

アメリカの大学に留学していた時の事です。ある名所を巡りたかったのですが、とても高いツアー料金を取られるので行きたくても我慢していました。けれどもアメリカ海兵隊（海軍）に申し込んだら無料で連れて行ってくれるという事を聞いたので、海軍の事務所に行き申し込みました。所定の手続きを終えると、海軍の制服を着た素敵な女性兵士が船まで案内して下さって、乗り込みました。

乗船すると、正面から向かって左側が異常に混んでいるのに、右側はとても空いていました。私は即座に右の方へ行こうと思ったのですが、その時に、後ろから来た私の二倍くらい大きな小母さんが、私を押しのけて左の方へ歩き始めました。よりによって何で左に……。空いている場所なんてないのに。しかも前にいる私を押しのけて。ビア樽のようなからだでボンと押しのけて、と腹を立てながらその女性を見ていました。

彼女は、私でも座れないし、詰めて下さいなんて言えないスペースの前に立って「エックス・キューズミー」とソプラノ調の猫なで声で言い、その後、彼女の大きなお尻を僅かにしか空いていない空間に押し込み始めました。何と厚かましい、というよりド厚かましい人なんだろう、こんな人は、国が違えど何処にでもいるんだと呆れながら、私は右側に歩き始めました。こんなに空いているのに、と思ってもう一度ゆっくり見回した時に、ようやく理解することが出来ました。私が向かっている右側は、黒人ばかりだったのです。

その時、初めて、人種差別が露骨に行われているのを目の当たりにし、とてもショックでした。日本では目にする事がなかったので、自分のことではないけれど、自分が差別されたようで、とても辛い思いをしました。

オーストラリアにいたときの事です。発車時間ギリギリのバスに、現地の白人女性と共に乗り込みました。運転手はその女性にだけ笑顔で挨拶をして座るように言い、その後、急にバスをカーブさせながら発進させました。立ったままの私は驚いて、思わずポールを掴んで立ちつくしました。運転手はその後、すごい形相で私を睨んでいました。

何でそのような仕打ちをされなければならないのか解らず、それから暫くバスに乗りたくありませんでした。その後、友人の日本人にこの事を話すと、今は随分少なくなっているという事でしたが、オーストラリアには、昔の人種差別の名残りがあるということでした。しかし今では、日本人はオーストラリアに観光でたくさんお金を落とすこともあって、随分少なくなっているという事も知りました。けれども、まだ有色人種を差別する人がいるという事も確かなようでした。

差別される立場になって初めて、差別する側の貧弱な人間性を学び、こうあってはいけない、反面教師にしようと思いました。

物を隠す

私は大学では、内部生Aさんと他に大阪や地方から来た人ら四、五人のグループで食事をしたり、飲みに行ったりしています。最初の頃は周りの内部生に「どうしてAさんなんかといるの？　あの子、高校の時はすごく周りに嫌われていて、化粧もせず地味で、気持ち悪がられてたんだよ」と忠告（？）されていました。

確かにその人は少し気難しくて、噂好きで困ったところもありますが、私は、人には欠点があって当然だと考えているので、周囲の意見等は全く無視して付き合っていました。

しかしつい最近、恐ろしい事がありました。うちの学生の殆どはロッカーに鍵を掛けません。この間、卒論作成で多くの四年次生が学校に来ていた日、Aさんの靴がロッカーから盗まれたのです。彼女はその日、特別に高価な靴を履いていたのではありません。履き込んだボロボロのスニーカーです。教科書や辞書ならともかく、靴を盗むなんて、悪意しか考えられません。彼女は泣きながら、スリッパで帰って行きました。私も一緒に帰ってあげるべきでしたが、卒論の為に、学校に残って作業を続けていました。私はコンピューター室で黙々と作業を続けていましたが、Aさんの靴が盗まれたという話は三十分も経たないうちに、そこら中にいる四年次生に広まりました。

そこである内部生が、コソコソと「いい気味」と話しているのを耳にしてしまった時、私は驚きと怒りとその幼稚さに呆れ果ててしまいました。Aさんに代わって文句の一つでも言ってやろうかと思いましたが、こんなドロドロな女たちに関わるのも嫌で、全く聞こえないフリをしました。

勿論Aさんにその内部生らの話はしませんでしたが、本当に、いじめは恐ろしいと思いました。

無視

私は一年次生の時、出身が同じで、出席番号がすぐ近くの友人が出来ました。おとなしい子で、目が綺麗で素敵な女の子でした。色々と話すようになり、仲良くなりましたが、一年次生の終わり頃から彼女は、少しずつ特定の友人への人当たりが悪くなりました。もしかしたら何か悩んでいることがあるかもしれないという事で、友人達の間で〝そっとしておく〟という意見でまとまりました。

一年次生が終わって、春休みに入りました。彼女はボランティア活動をしていたので、彼女も私も、他の友人達とも休み中に合う余裕はありませんでしたが、メールは何回も交わしていました。

彼女と久し振りに合う事となった新年度の講座登録会で、事は起きました。彼女と久し振りに会ったので嬉しくなって声を掛けたのですが、彼女は私を睨みつけて無言で私の前を通り過ぎました。あまりの唐突な出来事だったので、私は混乱してしまいました。

講座登録は、出席番号順に着席し、彼女の席は私の後ろなので、私はそれを恐れました。プリントの配布中、私が後ろの彼女にプリントを渡そうと手を後ろにすると、あからさまに強く、そして早くプリントを取るのです。私はその時、彼女は私に対して何か怒っている事を確信しました。

その日の帰りに聞こうと試みましたが、彼女は私を避けて足早に帰ってしまいました。友人達も、彼女が私にとる態度は、何か様子が違うと察していたので、色々と本人に聞いてくれたようなのですが、原因は判らず、その友人達も、私とだんだん疎遠になりました。

それから彼女と同じ授業が、嫌で仕方がありませんでした。授業中に配布物があれば、なおのことでした。レポート提出で授業中に集める時なんかは、だいたい後ろの人から前に送るのが主流で、彼女は私に手渡すのが嫌だったらしく、私に渡す際に投げました。紙を投げても、うまく思い通りの所に置くことは出来ないので、全部落ちました。私は「私が何をしたのだろう」という怒りと悲しみと、彼女の人間性を疑う気持ちが大きくなりました。それからずっとそのような態度を取られ続けました。

二年次生から私は、教職課程を取りはじめ、彼女もそうでした。色々な冷たい態度を取られ続け、彼女の存在自体が嫌になり、悩み、精神的に追い詰められ、とうとう教職を断念しました。自分という人間が弱いと思うと情けないです。大学生になるまでこのような経験をした事がなかったので、私にとっては本当に衝撃的な事でした。

後から彼女のかつての友人達が話してくれたのですが、一年次生の終わり頃から変わり始めた彼女は、他人の容姿をその人に聞こえるように大声で言ったり、試験でカンニングをしたりで、歩きたばこも相変わらずしているようでした。彼女を私のような人間が判断するのはよくないことですが、カンニングをしていると知りながら黙認している周りの友人や、そんな彼女が教職に就くことなどは、間違っているとしか思えません。

私の場合は世間一般のいじめに分類されるものではないかも知れませんが、私は彼女から受けた行為はいじめと認識しています。先生がこのような機会を下さらなかったら、私は一生このことを他の人に口外しなかったと思います。先生にしか言ってはいないし、先生がどう受け取られるかも判りませんが、思いきって書いて良かったと思います。心の中が明るくなったような気がします。

アルバイト先で

相手はいじめるつもりではなかったかも知れない。そして良く考えたら私にも非がある。しかし、その時は心身共に傷つき、辞めようと思ったが、ここで辞めたら負けだと思い続けた。

それはある日、勤務時間が終わり、更衣室で私服に着替えていた時、更衣室の電話が鳴り、もう一度制服に着替えて来いと言われた。何でか意味が判らず行くと、「受付の裏で立っとけ」と言われた。同じバイトの人達が大勢いる前で、プライドはズタズタだった。

その後職員の上司、バイトの先輩から、延々と一方的に、説教ではなく、仕事内容から始まってあらゆる事を言われ、人間性まで否定されたような気がした。ここでは泣くまいとぐっと堪えて更衣室まで戻り、部屋に入った途端、涙がどんどん溢れて来て泣き崩れた。涙がすっかり乾くまで時間がかかり、アルバイト先のホテルを出たのは、帰る筈の時間の二時間も過ぎていた。

マナーと語学力不足で

オーストラリアでの出来事です。私は家族と、あるバスツアーに参加しました。ドイツ人、フランス人等のヨーロッパ人を初め、中東の人たちも何人かおられました。

日本人は私達家族と、大学生風の女性が三人でした。

ある観光地で下車し、見物する事になりました。その時に運転手が「十一時十分にバスを出します」とアナウンスしました。それで私達は少し早く、十一時頃にバスに戻りました。出発の時間には全員戻って来ていると思っていたのですが、運転手はぶつぶつと小声で何かを言いながら、人数を数えていました。その後もバスは発車せず、その内に、時間が五分、十分と経ち、十一時半になりました。それで彼は初めて「三人帰っていないけれど、バスを出します」とアナウンスしました。こんな事ってあるのと驚いたのですが、バスは発車しました。そして三人というのは、ひょっとしてあの大学生風の日本人三人？と思いました。

急な坂を下って行った時、運転手はバスを止め、大きく永くクラクションを何度も鳴らしました。それで三人の日本人は気が付き、バスに乗り込んで来ました。やはり、この人達だと思いました。でもなんとか間に合ってよかったと思い彼女達を見ていました。

するとその運転手が、彼女達に向かって信じられないような暴言を吐きました。乗っている人達は皆驚きました。少なくとも、英語を理解出来る人は皆驚いていました。けれどもその三人は悪びれることもなく、また謝ることもなく自分の席に向かって歩き始めました。私は彼女達のこの態度にも驚きました。なぜなら遅れたことへのお詫び、バスに乗り込む時に運転手やツアーに参加している人々に対してのお詫びが必要だったと思います。悪びれることなく、シャアシャアと乗り込んで来る彼女達の様子には、同じ日本人としてとても恥ずかしく思いました。

次に運転手です。彼女達が英語を理解出来ないと解ったのでしょう。するととてもひどい言葉で彼女達を罵倒し始めたのです。これに対して私は、この運転手に対して憤りを覚えました。英語を理解出来ないからと言って、その人達にひどい事を言ってよいというものではないはずです。確かに彼女達にも非があるけれど、言葉が理解出来ないからどんなにひどい言葉を浴びせてもいいという事はないし、人間性が疑われると思います。日本人として、人間として何とも言えない経験をしました。

社会の色んな人、人、人

反面教師で切磋琢磨

私はある職場に所属しています。社会的にはそれなりに認められている職場で安心していたのですが、外から見るのと中では大きな違いがあり、これが社会というものかと驚いたり、嘆いたりしています。

まず自分達が配属されている組織の一部となっている課には、とんでもない人物がいることに気が付きました。チームリーダーの位置にある人（その地位に相応しいかどうかは別として）なのですが、この人物は、とにかく目立ちたがり屋です。面倒な仕事は一切せず、後輩にやらせて、目立つ事やその場面では絶対に自分を出すという人物です。

それだけではなく、人員配置に関しても、自分に有利になるように率先して考え、それを普段から親しくしている上司などに直訴したり、或いは体よく、後輩を使って直訴させて、いつも自分が有利に立てるような人員配置を企てるのです。

私はその非常識な采配や理不尽な態度を、如何にも当たり前のようにするその人を認める事が出来ないので、なるべく離れた立場をいつも取っています。そんな私が気に入らないのでしょう。いつも上司や自分の周りの人達に、根も葉もない私の悪口を言いふらしたり、皆があまり喜んでやりたがらないような仕事があると、それを私にさせるように上司や仲間に行ったり、根回しをしています。その人や仲間もひどいですが、上司も上司だと思います。

この上司についても、前述した人とやはり同じような性質だということが判りました。たとえば年配で、目立たないけれど、一生懸命仕事をしている人なのに、その人の本質を見極める事が出来ず、その上司は自分のお気に入りの部下が言う事を全て信じて、その人のことを良いように思っていないことに気が付きました。その人の大変まじめな勤務態度を嫌う人がいるようで、その人達が、上司に告げ口をし、人をしっかりと見ることが出来ない間抜けな上司は、告げ口をする人（達？・）の言うことは正しいと思い込むのです。

上に立つ人は、いろんな意味で他の人達より優れていて、だからこそ上に立つ地位が与えられていると以前は思っていたのですが、その値うちのない人でも、社会では、上に立っている事が多い事に気付きました。だからそのような上司に恵まれる（？・）と、彼らの独断と偏見で、組織がとんでもない方向に進んでいく事も社会人となって知ることが出来、悔しい思いで仕事をしています。

隣の部署に親しくしている方がいます。仕事中はゆっくりと話す時間がないので、休みの前日等に電話で話したりしている関係の方です。その方は真面目な仕事ぶりで、何事も几帳面です。私の方が年下なので、解らない事を教えて下さいます。先日聞いた職場の話しで、自分の将来が全くグレーに感じてしまいました。それは、部署のトップからの呼び出しがあったそうで、そのことについての話題でした。

話しの内容は、年齢が高いので辞めるか、辞めないのなら役職から平になるかどちらかだと言われたそうです。親も養わなければならないので、定年まで勤めるつもりだったのに頭が真っ白になったとのことでした。そしてその方より若い、そのトップのお気に入りの職員を引き合いに出して、「○○さんは、いつでも役職を下りるといっている」と言うのだそうです。

要するに、「辞めろ」そうでなければ「格下げする」と言わんばかりの対応だったそうで、話し合いではなく脅しのようだった、とその方は仰っていました。どの社会でも同じと思わなければいけないのかも知れませんが、自分も将来そのような事を言われるのかもしれないと思うと、辛いです。

私はある職場に就職し、その中のある部署に配属されました。同期は三人でした。その部署には、私達三人の他に、一年先輩に二人と少し年の離れた一人の先輩もおられました。

一年先輩の二人はとても対照的でした。一人はとても真面目に仕事をされ、全くミスがない完璧な仕事ぶりでした。けれどもそれを鼻にかける訳でもなく、私達三人の素晴らしいお手本でした。

もう一人の先輩はというと、仕事もいい加減で、終わってもいないのに、気が付くといなかったり等はいつもの事でした。ある時、廊下を歩いていたら、確か誰も使っていないはずの部屋にその先輩が入っていくのを見ました。その時はあまり気にも留めていなかったのですが、暫くして、少し年の離れた先輩から「あの人は、空き部屋で昼寝しているのよ」と聞き、驚きました。その事は直属の上司だって知っているとのことでしたが、その上司も注意をしないらしく、私は理解できませんでした。

それからしばらくしてその態度悪の人と私達三人が話しをする機会がありました。職場について色んな事を教えてもらえるのかとワクワクしていたのですが、そうではありませんでした。その人が私達に言ったのは、「あなた方、この職場にいても全く無駄よ。だって私は○○（上司の名前）に昇進も含めて将来のことは全て了解を取っているから、あなた達は昇進の望みなど全くないよ」という事でした。

私達は唖然としました。昇進の望みがない事に対してではなく、もう一人の真面目でノーミスの仕事をする先輩から言われたならまだしも、仕事に対して意欲

的でないその人から言われた事が驚きでした。そして上司の○○さんはその人の本質を知って将来を約束したのか、それとも詳しく解らないままの約束なのか、それとも、そのような約束なんてあり得るのか等々を三人で話し合いました。その後、その態度悪の親もその上司に金品を携えて日参していることを知りました。

そしてその結果、このような職場に発展はないのだから見切りをつけようということになり、退職に至りました。

私はある職場のある部署にいます。家族が入退院を繰り返しているので心配ですが、仕事が終わってからの会議にもなるべく出るようにしています。けれども、どうしても欠席しなければならないことがあるのも事実です。

ある時、ある検査にどうしても家族が立ち会う必要があると言われ、会議を欠席しました。すると翌日、部署の長から連絡があって、聞いたこともない委員会の委員をするように言われました。

「どのような委員会ですか？　聞いた事がありませんが。それで任期は？」と尋ねても「そんな事知らない。今度新しく出来た委員会だから。どうせ一年か二年でしょ！」ということと、「昨日の会議で決まったんだから！」という事でした。これが初めてではなく、今までにも欠席裁判を何度もされているので「またか」という思いですが、これが世の中なのでしょうか？


私は老舗の名店と言われる会社に勤めています。事務的な事は勿論ですが、百貨店を始めとする店舗で販売などもしています。

入社時はそれほどでもなかったのですが、販売に就くのが嫌になりました。対お客さんの事は、気持ちよく販売出来ることもあればそうでないこともあり、それは仕方のない事と割り切っていました。けれども問題は、内部の事です。販売員同士の嫌がらせ、例えば私が接客して販売する事が気に障るらしく、色んな嫌みを言われます。けれどもお客さんのなかで、「以前は有難う。気に言ったわ」と言われたりすると、それは尚更嫌みの対象になります。このような事がエスカレートし、さらに本社にまで根も葉もない事を伝える人（達）がいて精神的に辛くなりました。

食事は出来なくなり、目眩はするし、それで欠勤をすることにもなりました。そうなればその人達の思う壺です。職場の人達は私の話をじっくり聞こうとする姿勢もなく、風評を鵜呑みにするだけでした。それでも頑張って社の為に出勤していたのですが、自分が気に入っている一方の意見に対してだけ熱心に聞く耳を持っている会社側に、何が老舗かと思ってアホらしくなり退社しました。

そんなに大きくないけれど、その地域ではそこそこ評判の職場に私は属しています。新人の頃はなにも解らなかったのですが、この頃では嫌な社会の縮図のように思えて夢も希望もない思いです。

まず私は、お客さんとの関係をうまく育てていると自負しているのですが、部署の中で他人のお客さんを横取りして、自分の客とする人物がいるのです。自分がこの人が欲しいと思うと、周りの人達を説得して、例えばそのお客さんが「自分でないとだめといっている」とか、「そのお客さんの担当者は不適格だから自分がする」等とその人が作り上げた正当性を唱えて、賛同を得るのです。そしてある日、ある時、突如として私のお客さんの担当は、その人になっていました。そこまでするの！という思いでした。人として信じられないことを平気でするその人に対する落胆と、それを認める周囲の人物への落胆もあって、精神的な打撃がとても大きく強い状態でした。

　このような人物の言いなりになっている職場や、職場を構成する人物の程度に呆れてしまいますが、それ以上に、自分の思うように職場の組織や人物を動かし、自分の立場を有利に導く人物に憤りを感じます。そしてそのような人物を見抜けない人物が如何に多いか、しかもそれが、社会的にそれなりの地位がある人達なのに、見抜けないのは、彼らが無能なのか、それともそれなりの彼等に対して、上手く立ち回る人物の方がすごいのか？　私には理解できません。

大学を卒業後、教育関係の組織に入り、他の三人と共にある部署に入りました。同じ部署でも四人それぞれ個性があって、全く違う仕事内容になることもあり、驚きました。けれどもその内、一人の人があまり仕事をしなくなりました。仕事中なのに行き先も告げずに何処かへ行って、暫く帰ってこないことが多くなりました。けれども誰も何も言いません。私はまずそれを不思議に思いました。我々同僚は言えないのだから、先輩、または古くからいる人が注意してくれてもよさそうなものをと思いましたが、誰も何も言いませんでした。

また自席にいてもひたすら仕事をする姿勢は見られず、同期の他の二人のうちの一人と部屋の隅でヒソヒソと話している事も多く、いつ仕事をしているのかしらと思うくらいでしたが、それについて誰も何も言いませんでした。

残る一人は私と同じで与えられた仕事をただ黙々としていました。私は真面目に仕事をするその人に好感を持っていましたし、その人も口数は少ないけれど、私にはよく話してくれました。

ある時、その人が「退職する」と言いました。仕事中にいなくなったり、ヒソヒソ話をする二人ならともかく、真面目に仕事をしているその人から「退職」という言葉を聞いた時は、実際自分の耳を疑いました。

「理由は」と尋ねると、多くを語らなかったけれど、いつもこそこそと話している二人に、根も葉もない事を他の部署に言い振らされたり、嫌みな事をしたり、言われたりが原因だったようでした。中でもトップが、その人の話を聞こうとはせず、一方的に彼らの主張を信じている事に幻滅を感じたそうでした。「トップがですよ、トップなのにですよ」と悔しそうに言っていました。

そして「自分に近付いて来る人のことだけを信じ、そうでない人を理解しようとしないトップが馬鹿なのか、トップを味方に付ける人物の力量が素晴らしいのか、どちらなのでしょうね」と言われた時は、絶句してしまいました。こんな奴らと自分は仕事をしているのかと思うと、辞めていくその人が羨ましく思いました。

私は入社以来、真面目に仕事をしてきたつもりです。職場内でも信頼されていると自負しています。けれども同期のある人物は私のその事が気に入らないようで、いつも私を鼻であしらっていました。彼女は隙あればサボるか、楽をすることしか考えていないので、基本的に私はその人とは同類でないと思い、腹も立てませんでした。けれどもある日、私のパソコンを盗み読みしている現場を見つけました。その人はバツの悪そうな顔をして、謝りもせずにその場を離れました。この人はそこまでするのかと、私はただ驚いて言葉も出ませんでした。

そんな事があって数カ月後、上司から呼び出され、私が誰々のパソコンを盗み読みしたと言われました。「された事があっても、した事はありません」と言ったのですが、聞き入れられませんでした。何人もの証人がいるというのです。悔しいでした。誰も信じてくれなかったのです。あれだけ真面目に仕事をしていたのに……。

即、辞表を書きました。後になって聞いた事ですが、私のパソコンを盗み読みした人物が、自分のその行動が表沙汰にされるのを恐れて、上司達を抱き込み、私を辞めさせたそうです。そんなところで一生懸命働いていたかと思うと、それだけで腹立たしく感じますし、そのような人物が社会の中でのうのうと生きているかと思うと、世の中の不条理を痛感します。

私は、他者に何かを報告したり知らせたりする時に、本を読んだだけで、それが事実だと言うのに抵抗があります。それで長期休暇等を利用して現地に赴き、色んな現実や情報を得、それを他者に伝える事を常に心掛けています。

ある時、その件で出張を申請したら、却下されました。旅行会社で私の意向を話してその方向で立ててもらったスケジュールがあるので、申請書と共に、そのスケジュールの必要な部分を特にコピーして添付したのですが、部分的にコピーしたそれを「偽造している」「こんな物は、観光旅行だ」等と悪態を突かれました。トップには、当然生きた、新鮮な情報を得る為にという私の気持ちが理解してもらえると思っていたのでその旨を伝えました。すると「現地に行かなくても、本を読めばそれでいいのだ」と冷たくあしらわれました。

けれども私はあくまで観光旅行ではないと判断して現地に赴き、視察し、資料を集め、帰国してから、職場が発行している機関誌に十数ページに渡って報告文を載せました。けれどもそのような報告文を一切無視し、経理担当者やその筋の人達は、会議のたびにこのようなことにお金を使っている事を繰り返し報告し、挙句の果てに、その後の私の給料から、その視察旅行の経費全てを差し引き、その月の給料は殆どないのと同然でした。このような非道なトップや事務経理担当者がいる職場に自分が身を置いていることに、愕然としています。

世の中には、とにかく自分を誇示したい人物がいる。そしてその自分を常にいろんな面で輝いて見せる為に、他人を傷つける人が多いようである。私の職場も例外ではない。自分を兎に角目立たせ、然るべき人物である事を示す為に、自分を脅かす恐れがある人と判断すれば、その人の悪口を言って回り、他者をマインドコントロールする。

まともな人は、そのような馬鹿な事に対して打ち消す事もなく無視して放っておくが、それを良い事にどんどんエスカレートして、その人物を人間的に否定してしまう恐ろしい人物も世の中にいる。

強敵だと判断した人物が自分より目立ったり、秀でるような場面があると、以前にも増して悪口を言い回り、そして一層その人物が困惑するような場面に追い込んだりする。それも自分一人でするのならまだしも、他人を利用して、如何にも自分は何もしていないかのような性質の悪いやり方をするのである。

まさか、このような最悪のパターンの人物は世の中には、少なくとも自分の周りには存在しないだろうと思っていた自分が甘かった。そのような人物の為に、嗅覚が麻痺。ストレスからと言われたが、慰謝料を請求したいと思う毎日である。


何人かの後輩の部下（？）と共に仕事をしているが、その内の一人がとても我儘である。会合をしても休むことも多く、その度にその内容をお互いの時間が空いている時に説明していた。本人はいつもすまなさそうにしていたので、今度こそ出席してくれるだろうと思っていた矢先に、グループを変えてほしいと責任者に言いに行ったと聞いた。

すぐに責任者ともう一人の人物の前に呼び出された。私は何の事か分からないまま、二人の前に座った。すると責任者は開口一番に「今回の件について釈明しろ！」と強い口調で言った。私はなぜそのように言われなければならないのか意味が解らなかったし、また「釈明」という言葉を使ったその責任者の意図も解らなかった。それで「なぜ釈明しなければならないのか解りません。この件についての説明なら致します」と答えたが、それが気に入らないのか「釈明しろと言っているんだから釈明しろ」と声を荒げた。隣に座っているもう一人は黙って知らんぷりをしていた。

「釈明」という言葉を使ったその責任者は、始めから私に対して非があると決め付けていたからその言葉を使ったのだと思ったが、案の定、私の「説明」を聞く姿勢もなく、相手が精神的におかしくなって、カウンセリングに通っていて、その原因が私だと決めつけていた事が話しの内容で解った。

問題のその人は、他の人のように真面目に物事に対峙せず、嫌だと思うとそれをするときは休んだりして避けていたので、その事も話したけれど、その人達には聞く耳を持ってもらえなかった。その上カウンセリングを連発されて、如何にも精神的に追い込んだような言い方をされたので、そのカウンセリングの担当者に尋ねたら、責任者が言っている事と随分違っていて、直接的な因果関係とは言えないということだった。それなのに、あの態度は何なのだろう、絶対許されない事だと思った。

この責任者は「長」と名のつく物には何でもなりたがる人物で、自分より上だと判断した人物に対しては、どのような時でも低姿勢で、自分より下と判断した人には、挨拶をされても返さず無視である。その為にある程度は解っていたが、ここまでひどいとは思わなかった。それからはそのような人物を反面教師と思い、自分を切磋琢磨している。

終わりに

この原稿を立ち上げながら、「いじめ」ということばは、いつ頃から頻繁に使われるようになったのかと思っていました。昔からどのような処にもいじめは在ったと言われますが、さて我が身を振り返って、その痕跡が見られるかというと、それらしい事実は見当たりません。けれども小学校から始まった学校生活の中で、ここに収めたような級友がいなかった訳ではありません。

私はずっと公立に通っていたので、小学校の頃を振り返ると、身なりや学習能力、家庭環境などで、皆とかけ離れていた級友も確かにいました。けれども我がクラスでは、担任を始めとして、クラス全体で、その子達を守っていたように思います。

中学校でも然りでした。私達の学年は、学業成績やスポーツ等の成績はたいへん高く、市内でもその評判はずば抜けていたのですが、態度が悪いという評判もずば抜けていたというとんでもない学年でした。そのために校長先生始め諸先生方は困っておられたのですが、それでも特定の個人を誰かがいじめるというような事例は無かったし、高校時代も、見聞きしたことはありませんでした。

このような環境にいたので、学生達からのいじめに関する提出物を読んだ時の驚きは、隠すことが出来ませんでした。小学生でも、人を人と思わないやり方で級友を苦しめたり、悲しみのどん底に突き落としています。けれども、そのような仕打ちを受けている子供は、親に心配を掛けたくないという思いから、笑顔で家を後にし、その直後には恐怖に震えながら学校に向かっているという事実に心が痛みました。

それからは道行く小学生を見る度に、このような小さな体の中に、悲しみや恐怖をいっぱいにしながら通学している児童もいるのだ、と思うようになりました。そしてまた、うちの学生（今では卒業生）達はその昔、毎日休まず通学し、辛い経験をしながらも、たくましく強く自らを磨きあげていたのかと思うと、彼女達がとても愛おしくなり、よく頑張ったと力いっぱい抱きしめてやりたい気持に何度もなりました。その安堵感と同時に、彼女達が経験した辛い毎日と同じような毎日を過ごしている方々が、今でもたくさんおられる事を考えると、彼女達の経験が彼らの一助になれば、彼女達の経験は決して無駄にはならないと思うようになりました。

彼女達は、自分達の辛い経験、思い出したくもない経験を思い出し、記してくれました。その事を無駄にしない為にも、今現在、苦しんだり、悲しんでおられる方々の気持ちが少しでも軽くなるならば、また同時に、今現在、理由もなく、自分の単なる我がままの為に仲間を動かし、その人達と共に他人を悲しい思いにさせている人がもしあるとすれば、その行為が如何に浅薄で、且つ非人間的であるかを認識して頂きたいという思いもあって、整理し、出版する決心をしました。

人は完璧ではありません。だからこそお互いに支え合い、助け合って生きていくのです。幼い頃に読んだ童話には、どのような話しの中にも、他人を思いやる心や、弱い物を守ろうという教えが含まれています。自分が生き残る為に、あるいは自分が良い目をしたい為に他人をダメにする弱肉強食的な行為は、野生の動物だけでいいのです。人間と動物の大きな違いは、人間には心があることで、人と生まれたからには内的成長を高めて、豊かな心根を持った人間、心豊かな人間であるべきだと思います。

人としての心の成長、心豊かな人としての成長を願いたく、またその内的成長の一助になればという思いで出版を考えたものの、たくさんの事例を原稿に立ち上げる仕事は、私の心を何度も滅入らせました。原稿に立ち上げるという仕事が嫌だからではありません。原稿の内容が悲しすぎて、活字にするのが辛く、滅入ってしまうのです。そして、まさに遅々として進まずの状態が何度も続きました。

その度に産経新聞生活情報センターの曽根伸一氏からの励ましがあり、何とか、本当に何とか形にする事が出来ました。長い間励まし続けて下さった曽根氏にはお礼の申し上げようもございません。有難うございました。そして本に関する実務的な事では、煩雑な事が多々あったのに快く受け入れて下さった同センターの奥田辰典氏にたいへんお世話になりました。御二方には何とお礼を申し上げていいのかわかりません。心よりお礼申し上げます。

そしてこの本には、表紙を含めて、たくさんのイラストがある事に、お気付きだと思います。作者は卒業生の畑島麻衣さんで、彼女は可愛いイラストをよく書いていたので、事情を話し、読んで下さる方に元気を与えるイラストをと、頼み込みました。彼女は、自身も幼い時にいじめに遭って悲しい思いをしたらしく、その辛さが解っているので、「その人達が元気になるようなイラストを書きます」と応じてくれました。忙しい仕事の合間に書いて下さった畑島さんに、心よりお礼申し上げます。

イラストと共に、この本のタイトル文字の「笑顔」に違った印象を持たれた方もあると思います。この二文字は、小学校時代からの友人、坂本依子さんが、人さし指で書いてくれたものです。本の趣旨を説明したら、彼女もまた、読む人が笑顔になるようにと、爪の中まで真っ黒にして書いてくれました。快く協力して下さった坂本さんにも、深くお礼申し上げます。

最後に、今は卒業生となった元学生諸姉に対して、思い出したくもないだろう辛い思い出を書いてくれたことに、深く感謝しております。そして同時に、辛い経験に耐えたことを、心より称えたいと思います。あなた方の辛い経験は、各人の人間性の中で、今では強さと優しさに変わり、他人を思いやる素敵な女性として輝いていると確信しています。

世の中にはあってはならない事がたくさん起こります。自然災害等の防ぎようのないものはともかくとして、人間関係などは、私達のお互いの心配りや、思いやりひとつで快適な日常生活となり得るのです。一人一人がそれを実践すれば、心穏やかな生活が送れるという事を忘れてはならないと思います。

吉野啓子

☆イラスト
畑島麻衣
京都ノートルダム女子大学　四十二期卒業生

☆題字「笑顔」
坂本依子
平成十六年十月より書家 辻和雲氏に師事
平成二十一年七月　産経新聞 書のアート展創作部門特選
平成二十二年十月　産経新聞 書のアート展創作部門
フジテレビジョン賞など受賞

【編・著者略歴】

吉　野　啓　子（よしの・けいこ）

京都ノートルダム女子大学、大学院教授
「英語で読み解く世界」(共著、昭和堂)
「もっと生きたい」(南雲堂)
「キャサリン・マンスフィールド作品の醍醐味」
(朝日出版社)など
他に、キャサリン・マンスフィールド、ジョージ・エリオット、エリザベス・ボウエン等に関する論文を大学紀要や学会誌に多数掲載

いじめからあなたの笑顔《えがお》を取《と》り戻《もど》したい
世代別事例を通して

発行日　平成二十三年十月一日　初版第一刷発行
編・著者　吉野啓子
編集制作　産經新聞生活情報センター
〒556-0017 大阪市浪速区湊町二―一―五七
発行者　井戸清一
発行所　図書出版 浪速社
〒540-0037 大阪市中央区内平野町二―二―七
TEL (〇六) 六九四二―五〇三二(代)
FAX (〇六) 六九四三―一三四六
印刷　株式会社 日報印刷

Printed In Japan　ISBN978-4-88854-457-3　C0037